全国100所
高职高专院校旅游类专业系列教材

（酒店管理专业）

酒店安全控制与管理 （第3版）

Jiudian Anquan Kongzhi Yu Guanli

皮常玲　焦念涛　郑向敏　编　著

重庆大学出版社

内容提要

本书定位于从安全角度来探讨酒店管理,分别就酒店安全的现象、酒店安全控制与管理系统、酒店饮食安全、酒店住宿安全、酒店娱乐安全、酒店重大紧急情况处理、酒店公共卫生安全控制与管理等方面进行分析和研究,力图将酒店安全管理问题系统化和可操作化。本书既秉承了学术著作的严谨、缜密、学术化的特点,又结合了酒店管理中的安全案例和实践。在编写过程中,还增设了学习目标、知识目标、教学实践和思考题等相关内容,是一本适合高职高专旅游类专业学生和教师使用的专业教材。

图书在版编目(CIP)数据

酒店安全控制与管理 / 皮常玲,焦念涛,郑向敏
编著. -- 3 版. -- 重庆:重庆大学出版社,2021.11(2024.7 重印)
全国 100 所高职高专院校旅游类专业系列教材
ISBN 978-7-5689-2961-5

Ⅰ.①酒… Ⅱ.①皮… ②焦… ③郑… Ⅲ.①饭店—
安全管理—高等职业教育—教材 Ⅳ.①F719.2

中国版本图书馆 CIP 数据核字 (2021) 第183951号

全国 100 所高职高专院校旅游类专业系列教材

酒店安全控制与管理

(第 3 版)

皮常玲 焦念涛 郑向敏 编著
策划编辑:顾丽萍
责任编辑:姜 凤 陆 艳 版式设计:顾丽萍
责任校对:刘志刚 责任印制:张 策

*

重庆大学出版社出版发行
出版人:陈晓阳
社址:重庆市沙坪坝区大学城西路 21 号
邮编:401331
电话:(023)88617190 88617185(中小学)
传真:(023)88617186 88617166
网址:http://www.cqup.com.cn
邮箱:fxk@cqup.com.cn(营销中心)
全国新华书店经销
重庆长虹印务有限公司印刷

*

开本:787mm×1092mm 1/16 印张:12.75 字数:258 千
2008 年 12 月第 1 版 2021 年 11 月第 3 版 2024 年 7 月第 11 次印刷
印数:17 001—19 000
ISBN 978-7-5689-2961-5 定价:39.00 元

第3版前言

根据马斯洛需求层次理论，安全是继生理需求之后人的第二基本需求，必须得到优先满足。而当旅游成为越来越普遍的生活方式时，旅游安全需求就成了"旅游社会"这一特殊社会现象与形态中的高层次的安全需求。酒店是旅游活动过程中必不可少的场所，酒店安全也由此成为旅游安全的重要组成部分。基于此认知，作者于2006年撰写了《酒店安全控制与管理》一书，于2007年由重庆大学出版社正式出版，并于2013年进行了第2版修订。

当前，安全生产的理论与实践研究依然是企业界和理论界重视与关注的问题，酒店安全问题研究更不例外。特别是2019年年底新冠肺炎疫情爆发以来，酒店作为一个高聚集场所，其高聚集人群的风险防范、安全控制与管理更是受到来自全球学者、业界与消费者的关注和重视。

本书的第1版和第2版在力求让酒店安全理论与实践教学具有可操作化和系统化的基础上，通过对酒店安全的现象研究，酒店安全的本质、特征、发生规律和表现形态的探索，酒店安全控制与管理等方面的阐述，展示酒店安全控制与管理的相关知识与观点。全书内容涉及酒店安全的现象、酒店安全控制与管理的基础理论和原理、酒店安全控制与管理系统、饮食安全控制与管理、住宿安全控制和管理、酒店娱乐安全控制与管理、酒店紧急情况的应对与管理、酒店公共卫生安全控制与管理等。本书第1版和第2版为旅游管理专业及酒店管理专业的安全领域的研究与酒店安全管理课程的教学提供了一本既见树木又见森林、既有理论依据又有管控措施的教科书，并在众多旅游院校的专业教学中得到了广泛应用与认可。

应出版社和众多院校的要求，作者对本书进行了再版修订。本书的修订在第2版的基础上进行了两个方面的修改：

一是对第2版1—7章的内容重新进行了梳理与修改。修改内容涉及：①安全新内容、新知识的增补。包括酒店的传统安全问题的再认知与非传统安全、新时代安全问题的新认知，酒店安全表现的时代性形态，食品加工与储存安全，新的住宿业态类型及其安全管控，娱乐场所和在线娱乐安全事故及其管控等。②各章涉及的安全案例的更新与增补。③各章涉及的法规政策的更新与增补，并增加了新的法规条款附录。

二是针对新冠肺炎疫情及疫情防控常态化对酒店公共卫生风险防范与安全管控的现实问题，增加了第8章酒店公共卫生安全控制与管理。

"酒店安全控制与管理"是一个复杂的、综合性的、理论与实践并重的课题。作为旅游学的所属，它与旅游活动的诸要素有关，涉及旅游学的方方面面；作为安全学的所属，它与安全学的社会复杂性和经济相关性有关，涉及多地域、多人群、多活动的安全问题；作为综合性的交叉学科，它与社会学、历史学、管理学、交通学、卫生学、数量经济学等学科有关。本书作为酒店安全管理课程的教科书，在内容与结构、理论阐述与案例分析等方面的探索和尝试中，挂一漏万在所难免，也必然存在许多不足之处，敬请读者批评指正。

编　者
2021 年 5 月

目　录

 目录

第 1 章

酒店安全的现象

【学习目标】

本章要求学生掌握酒店安全的基本知识，认知酒店安全的6种表现形态，即犯罪、疾病（或中毒）、损伤、火灾与爆炸、自然灾害及其他安全问题，并了解酒店安全现状与规律。

【知识目标】

酒店安全的本质与特征，酒店安全的各种表现形态。

【能力目标】

发现酒店存在的安全隐患，思考并提出基本的解决对策。

【关键概念】

酒店安全　酒店安全本质　酒店安全特征　酒店安全规律

案例导入

酒店一旦出现安全问题，不仅危害顾客和员工的经济与人身安全，而且对酒店的财产、名誉和形象也会产生重大的影响。

2018年8月25日凌晨，哈尔滨市松北区北龙温泉酒店发生一起重大火灾事故，过火面积约400 m²，造成20人死亡，23人受伤，直接经济损失2 504.8万元。据勘察，火灾原因是酒店电气线路短路，形成高温电弧，引燃周围塑料绿植装饰材料并蔓延成灾。火灾事故调查报告显示，北龙温泉酒店消防安全管理混乱，消防安全主体责任不落实，北龙温泉酒店法律意识缺失、安全意识淡薄。自酒店开始建设直至投入使用，始终存在违法违规行为，消防安全管理极其混乱，最终导致事故发生。

北龙温泉酒店火灾事故反映出目前我国对旅游住宿企业的监管力度不够，有关执法部门要对安全监管不合格却不整改的住宿企业经营者进行适当的处罚，并认真协调、督促有关部门进行彻底整改，通过运用法治手段来增强约束力、震慑力和惩治力，避免同类事件再次发生。

酒店所具有的综合性、涉外性、商业性和公共性，使得酒店安全问题的重要性凸显。不难发现：第一，酒店安全是酒店正常运作的基础与保障，是酒店活动的内在需求；第二，酒店安全能促进酒店经营，可成为酒店发展的动力，使得顾客在酒店的活动更加有序。酒店安全在本质上具有客观存在的两面性：一方面，酒店安全是酒店一切活动的基础，是酒店生存与发展以及酒店活动得以实现的基础与保障；另一方面，酒店安全又决定了酒店活动的有序性，是酒店发展的推动力。酒店安全的好坏不仅影响酒店的效益、顾客的满意度，还直接影响酒店的经营。简言之，安全是酒店一切活动的基础与保障，同时也是酒店发展的动力。

1.1　酒店安全的内容

"安全"具有两层意思：一是平安，无危险，没有事故；二是保全，保护。美国人本主义心理学家亚伯拉罕·马斯洛在其著名的需求层次理论中将"安全需求"列为基本需求，即人类有"治安、稳定、秩序和受保护"的需求。作为人类生存与发展的基础，无论何时何地，安全因素都是人类首先考虑的问题。而对于酒店这一具有特定活动区域的场所，酒店安全则是指在酒店所涉及范围内的所有人、财、物的安全及所产生的没有危险、不受任何威胁的、生理的、心理的安全环境，其表现形态有犯罪、疾病（或中毒）、损伤、火灾与爆炸、自然灾害等。本书将从酒店饮食安全、住宿安全、娱乐安全和其他安全这四大模块对酒店安全问题进行阐述。

1.2　酒店安全的特征

与其他管理相比，酒店安全具有以下特殊性。

1.2.1　涉外性

酒店作为一个具有涉外性质的公共场所，其安全问题也同时具有涉外性的特点。随着对外开放的不断深入与全球经济一体化的快速发展，国际交往越来越频繁，所涉领域也更加复杂。作为提供商业化涉外服务的公共场所，酒店顾客来自五湖四海，由于各国的法律、道德以及准则之间存在差异，酒店中的安全管理就应特别强调国际性，要以国际性的安全管理政策与条例来满足不同国家（地区）消费者的共同需求。

1.2.2　复杂性

酒店是一个提供综合性服务的公共场所，每天都有大量的人流、物流和信息流在酒店内外流动。人流中，既有顾客（包含住客与非住客）、访客，也可能有伺机作案或将酒店作为犯罪交易场所的犯罪分子等；物流中，既有顾客与酒店、顾客与顾客、顾客与外界之间的物流过程，也有服务过程所需的物质（资）流等；信息流中，既包括电波流、文件流、数据流，也包括商务过程的洽谈、会议期间的报告和产品演示的交流等。正是这种大量存在的人流、物流和信息流造成酒店安全问题的复杂性，使得酒店具有安全管理的综合性，既要防火防盗，保证客人的生命与财产安全，又要保障客人的娱乐与饮食安全，还要应付突发性的暴力、公共安全与危机等问题。

1.2.3　突发性

发生在酒店内的各种安全事故，通常具有突发性。酒店内的各类安全问题往往是在很短的时间内发生的，如火灾、抢劫、爆炸等。这些突发事件若在短时间内无法有效控制，必将对顾客及酒店员工的人身与财产安全以及酒店的发展和声誉造成极大的危害，这就要求酒店在平时具有处理各种突发事件的预案并培养安全管理人员处理突发事件的能力，只有这样，才能在突发性安全问题发生时迅速有效地进行控制与处理。

1.2.4　广泛性

酒店安全的广泛性体现在以下两个方面。

1）酒店安全内容的广泛性

酒店安全内容涉及酒店安全与顾客安全两个方面。酒店安全包括酒店员工的人身与财产安全、服务用品安全以及酒店设施设备运作安全；而顾客安全除了包括顾客的生命、财产与隐私安全外，还包括饮食、娱乐与心理安全等内容。

2）酒店安全涉及范畴的广泛性

酒店安全涉及范畴较广，主要体现在：首先，酒店安全范围既涉及酒店本身，也涉及酒店以外的周边区域；其次，酒店安全既涉及酒店员工，也涉及住店顾客。此外，酒店安全涉及范畴的广泛性还要求酒店各部门、各岗位有效合作，依靠全体员工的努力和配合，在酒店中形成安全管理网络体系。

1.2.5　全过程性

酒店作为商业性的公共场所，除特殊原因而部分暂时中止外，其接待设施以及接待服务在一天 24 小时、一年 365 天中不分昼夜、没有停歇。因此，酒店安全问题要常抓不懈地进行管理与监控。在酒店服务提供的全过程中，从服务设施设备的安全运作到服务产品的安全生产与提供，再到顾客的安全消费直至顾客安全离开，整个过程都应进行严格的安全管理。

1.2.6 隐蔽性

由于酒店服务具有综合性的特点，伴随着社会的发展以及多种因素的作用，顾客需求也随时在发生变化。这对酒店服务工作造成了一定困难并在一定程度上形成了安全隐患。由于酒店的复杂性特点，有些安全隐患不易被察觉且具有相当程度的隐蔽性。

此外，虽然酒店安全问题为数不少，但是因安全问题本身的敏感性及其所具有的消极负面影响而往往易被酒店经营管理者所掩盖。这会导致各酒店在面对媒体或广大公众对其安全事件的询问时常常避而不谈或简单带过，并使得酒店发生的安全问题远大于资料统计数据。

1.2.7 政策性

酒店安全管理的政策性是由酒店安全管理的性质和内容决定的。酒店安全管理既要维护顾客的合法权益，又要对一些触犯法规的人员进行适当的处理。在处理安全问题时要根据不同的对象、性质和问题，采用不同的法规和政策。酒店安全管理既涉及《中华人民共和国民法典》《中华人民共和国刑法》《中华人民共和国行政处罚法》《中华人民共和国治安管理处罚法》，又因酒店的涉外性而涉及一些国际法规。因此，在对酒店安全问题的处理过程中，既要按照我国相关法律，又要依据国际惯例。酒店安全管理工作者不仅需要较高的政策水平，还需要及时了解我国及国际法律法规的动态。

1.3 酒店安全的发生规律

任何事物的发生、发展都存在一定的规律性，酒店安全同样具有明显的规律性。而酒店安全的规律性正是我们认识酒店安全、有效控制酒店安全问题发生与发展的基础。酒店安全的规律性主要体现在空间规律、时间规律及活动规律 3 个方面。

1.3.1 空间规律

第一，酒店安全问题的发生规律与酒店内各人群的活动区域关系密切，具有空间规律性。一般来讲，酒店顾客安全问题，尤其是意外事故，多发生在顾客活动频繁的区域，如客房、餐厅等。酒店服务人员安全问题则多发生在厨房、餐厅、公共区域等。而设备维修管理安全问题则通常发生在锅炉房、大型设备机房、维修操作间等。可见，酒店内不同安全问题的多发区域存在一定的空间规律性。

第二，酒店安全问题的发生规律与酒店有害因素所处的位置密切相关。有害因素密集或所在位置是安全问题的多发地。如厨房中存在大量易燃易爆的气体等，因此是火灾的频发地；电梯间则是电梯安全事故的发生地。此外，大量案例显示，由于服务人员在服务传递过程中很可能会发生意外（如跌倒、摔掉菜品等），因此餐厅是顾客意外事故的多发地。

1.3.2　时间规律

酒店安全问题与酒店的淡旺季之间存在一定的联系，具有明显的时间规律性。酒店的旺季往往伴随着较大的顾客流，而这一阶段通常会给不法分子以可乘之机，同时也带来顾客接待与管理的难度，不可避免地导致酒店安全问题上升。酒店安全问题的时间规律表现为季节规律性与昼夜规律性。

酒店安全问题高发于旅游旺季以及酒店生意的旺季。旅游旺季酒店入住率往往较高，且伴随着顾客的大量进入，不法分子也可能随之而来。此外，在酒店需求的旺季，每位服务人员所服务的顾客数量与往常相比也成倍增加，因此，服务操作的不慎造成的不安全因素也随之增加。受地域文化以及民俗文化的影响，对于特定地区，婚庆等喜宴的举办也具有明显的季节性。如在福建，婚宴主要集中在 10 月、11 月、12 月、1 月、2 月以及 3 月，这 6 个月是结婚的高峰期，同时也是酒店客流的高峰期与酒店安全问题的频发期。

案例分析显示，夜晚是酒店安全问题的高发时段。如果把一天 24 小时大致划分为 8 个时间段：凌晨、清晨、上午、中午、下午、黄昏、晚上、深夜，那么，中午（12∶00—15∶00）、晚上（19∶00—23∶00）和深夜（23∶00—3∶00）是酒店安全问题的多发时段。而其他时段则相对安全。这与酒店的顾客消费与活动频繁或高峰时段较吻合。

1.3.3　活动规律

酒店安全问题的发生往往与顾客的活动规律以及消费项目有较大关系。一般而言，饮食安全问题（如食物中毒）等基本发生在顾客的餐饮过程中及餐饮消费之后，主要是食品卫生问题引起的；住宿中，顾客因素引起的火灾多发生在客房中；偷盗等安全问题则多发生在顾客就餐过程中或者酒店公共区域中。

1.4　酒店安全的表现形态

　　由于酒店安全具有复杂性与广泛性的特点，因此完整地归纳与说明酒店安全表现形态是一件相当困难的事情。通过对相关研究文献、酒店安全问题的相关报道以及相关调查结果的分析，本书将酒店安全归纳为 6 种表现形态，即犯罪、疾病（或中毒）、损伤、火灾与爆炸、自然灾害以及其他安全问题。

1.4.1　犯罪

　　酒店作为商业性的公共场所，人流、物流复杂，难免成为犯罪案件的发生地以及犯罪分子的目标作案场所。犯罪作为酒店安全的重要表现形态之一，不仅会影响甚至危及酒店中各人群（包括顾客与酒店各级服务与管理人员）的人身、财产甚至生命安全，造成恶劣的社会危害，还会危及酒店的声誉与形象，影响酒店的正常发展。以百度作为主要的搜索引擎，以"酒店、犯罪"作为关键词，共检索到相关网页 2 790 万个，而其中涉及"财产"的有 1 260 万个，约占所检索总量的 1/2。这一检索结果与相关研究的结论——"针对酒店顾客的犯罪多以财产性犯罪为主"不谋而合。酒店安全中存在的犯罪现象大体分为盗窃、抢劫与非法性交易三大类。

　　盗窃犯罪属财产类犯罪，犯罪数量较多，作案范围广，其核心目的就是非法获取顾客的钱物。例如，2016 年国庆长假期间，杭州某星级酒店两个房间连续被盗，损失近 10 万元。经查明是一位入住酒店的客人通过阳台爬进其他房间，然后站在窗外通过钓鱼竿将放在桌上的手表、项链、金手镯等贵重物品偷出的方式实施盗窃[1]。2019 年凌晨两点，福建晋江一名男子趁酒店大堂茶叶区没人之际多次行窃，共盗窃七盒茶叶，两块茶饼，总价值 1 万多元[2]。

　　暴力型犯罪是危害人身安全的犯罪，与财产性犯罪的实施密切相关，即在侵犯财产的同时侵犯了顾客的人身安全。通常包括抢劫、侵犯人身自由等。发生在星级酒店的抢劫案，一般是犯罪分子在酒店大堂内观察入住的客人情况，然后尾随客人进入房间实施抢劫。例如，"法制时报"（2016 年 3 月 11 日）所披露的一辍学大学生 20 天内在海

---

[1]　杭州星级酒店连发盗窃案 22 个监控找不到线索。检索时间：2021 年 3 月 10 日。
[2]　猛男落泪，生活富裕的眼科员工偷窃酒店万元茶叶，落网后后悔不已。检索时间：2021 年 3 月 10 日。

口、儋州两市实施 10 起持刀抢劫酒店前台的犯罪案件[①]。2016 年 4 月 3 日，北京 ×× 酒店一名女顾客在酒店遭陌生男子劫持[②]。2019 年 12 月 29 日，香港发生一起恶性入室抢劫案，21 岁内地女游客在酒店房间内遭两名男子抢劫殴打，抢走 1 万元现金及一条价值约 5 000 元的项链[③]。非法性交易也是酒店中容易发生的犯罪现象之一。例如，两名男子胁迫四名少女在酒店进行非法交易[④]。

此外，还有其他形式的犯罪活动，如毒品交易、赌博等。应当指出的是，毒品交易、赌博等犯罪活动并不一定给酒店顾客带来直接的安全威胁，但是其作为犯罪的温床，是威胁酒店顾客安全的潜在因素之一。

1.4.2　疾病（或中毒）

在搜索引擎百度中，输入关键词"酒店食物中毒"，所检索到的网页多达 977 万个。可见，酒店食物中毒事件并非偶发，而是酒店安全的重要表现形态之一。诸如异地饮食"水土不服"、食品卫生问题、餐具卫生问题等多种原因可能引发顾客的疾病或者食物中毒。

《2020 年旅游安全蓝皮书》数据显示，2018 年旅游住宿业发生食物中毒事件共 25 起，2019 年发生 13 起。由于食品卫生因素引起的食物中毒事件一般影响面较大，对酒店顾客的危害也较为严重，且多为多人中毒的较大波及范围事件。例如，2018 年 8 月 25 日，桂林 ×× 国际大酒店发生食物中毒事件，参加学术会议的 500 余人在酒店吃过晚宴后陆续出现腹泻、呕吐、发烧等症状。截至 2018 年 8 月 27 日 18 时，共有 159 人到医院接受检查，92 人入院治疗。桂林市疾病预防控制中心初步判断此属沙门氏菌感染引发的食源性疾病事件[⑤]。2020 年 8 月 5 日，河北省南皮县 ×× 大酒店的 74 名顾客在参加婚宴聚餐后发生集体食物中毒事件，事故原因是进食不明原因微生物污染食品引起的食源性疾病暴发事件[⑥]。

1.4.3　损伤

酒店作为提供综合性服务的商业性的公共场所，具备公共场所的一般特点，因此，在公共场所易发生损伤，如意外摔倒等安全问题，在酒店也常发生并造成顾客或酒店

[①]　20 天抢劫 10 家酒店前台. 检索时间：2021 年 3 月 10 日。

[②]　4·3 北京和颐酒店劫持事件. 检索时间：2021 年 3 月 10 日。

[③]　光天化日　21 岁内地女旅客在香港酒店房间内被抢. 检索时间：2021 年 3 月 10 日。

[④]　两男四女同住一间宾馆，民警突袭旅馆，发现正在进行非法交易. 检索时间：2021 年 3 月 10 日。

[⑤]　8·25 桂林食物中毒事件. 检索时间：2021 年 3 月 10 日。

[⑥]　沧州一大酒店被查封、吊销营业执照！74 人食物中毒. 检索时间：2021 年 3 月 12 日。

从业人员的损伤。顾客在酒店的意外伤害包含两种类型：一是出于酒店内部原因（如酒店设施设备问题）造成的损害；二是在酒店内出于酒店以外的原因造成的损害，如不法分子隐匿酒店中，对顾客造成伤害等。例如，中国旅游新闻网（2019年5月25日）曾报道，一名女顾客在酒店客房洗手间内因浴室玻璃门突然破碎而造成人身伤害[①]。2019年6月14日，湖北宜昌某酒店电梯在下降过程中发生故障，导致16人被困，其中包括1名儿童及多名老人[②]。2019年8月4日，贵州省贵阳市某酒店，一名4岁左右的小男孩被酒店入口的旋转玻璃门卡住左脚，无法脱身[③]。2020年1月2日，深圳某酒店一名顾客在酒后因骚扰前台服务人员遭酒店3名员工殴打，导致身体多处软组织挫伤[④]。2020年2月，四川南充某快捷酒店卫生间的隔断钢化玻璃突然发生爆裂而导致顾客受伤[⑤]。

1.4.4 火灾与爆炸

酒店作为商业性的公共场所，是火灾的多发场所且酒店火灾容易造成重大伤害。酒店发生火灾的主要原因在于：①酒店可燃物多；②酒店的建筑结构易发生烟囱效应；③疏散困难，易造成重大伤亡。酒店火灾的起火原因主要有：①顾客在床上吸烟（特别是在酒后），或乱丢烟头；②厨房用火不慎和油锅过热起火；③在维修管道设备时，违章动火引起火灾；④电器线路接触不良，电器使用不当等。酒店最有可能发生火灾的区域为客房、厨房、餐厅以及各种机房[⑥]。酒店火灾往往造成严重的后续反应，如基础设施破坏、财产损失等，甚至造成整个酒店的破产。例如，2013年4月14日，湖北省襄阳市××××酒店发生重大火灾，造成14人死亡，47人受伤[⑦]。2017年2月25日，江西省南昌市××酒店发生火灾，造成10人死亡，13人受伤[⑧]。2017年11月18日，北京大兴区×××公寓的地下冷库着火，造成19人死亡[⑨]。

此外，由于酒店装修档次高、人员密集，为各界社会名流、国内外政治人物停留的活动场所，发生爆炸案造成的损失巨大、影响恶劣，所以境外恐怖分子为制造国际影响，

---

① 浴室玻璃门倒下砸伤来访女孩　酒店称只赔付一半医药费。检索时间：2021年3月12日。
② 宜昌一酒店电梯故障16人被困，还好人都救出来了。检索时间：2021年3月12日。
③ 酒店旋转卡住4岁男孩脚　消防特种设备营救。检索时间：2021年3月12日。
④ 男子订房后遭酒店员工围殴　知情人：他性骚扰前台。检索时间：2021年3月12日。
⑤ 【3·15十大典型案例】入住酒店受伤害　消委调解获赔偿。检索时间：2021年3月12日。
⑥ 熊洪波，王晓河，刘艳玲.宾馆和饭店火灾危险性及防火措施[J].河南消防，2001（7）:44-46.
⑦ 湖北襄阳酒店火灾已致14人死亡47人受伤。检索时间：2021年3月12日。
⑧ 江西南昌酒店火灾事故。检索时间：2021年3月12日。
⑨ 火灾背后的聚福缘公寓：工业大院变住房　存大量隐患。检索时间：2021年3月12日。

常选择以酒店为目标实施爆炸。据统计，境外的爆炸恐怖案件中有 80% 左右都发生在酒店内：2015 年 7 月 26 日，发生在索马里首都摩加迪沙一家酒店发动了一起自杀式汽车炸弹袭击事件，至少 13 人丧生，40 余人受伤[①]。2019 年 4 月 22 日，斯里兰卡四家酒店（其中包括香格里拉酒店）接连发生连环炸弹爆炸案，造成至少 290 人死亡，500 多人受伤[②]。

1.4.5 自然灾害

自然灾害是由台风、洪水、气候变化等不可控的自然原因引起的安全问题，是酒店安全的常见表现形态之一。由于自然灾害对酒店设施设备的破坏性及其对顾客、酒店、酒店从业人员的生命财产乃至资源的危害性而引起较为广泛的关注。参考吴必虎（2001：462-465）对旅游中自然灾害的分类，本书将影响酒店安全的自然灾害划分为以下 3 种类型：

1）威胁酒店中人群生命及破坏酒店设施的自然灾害

威胁酒店中人群生命及破坏酒店设施的自然灾害包括飓风、台风、气旋和龙卷风、洪水、雪暴、沙暴等气象灾害；地震、火山喷发、海啸、雪崩、泥石流等地质及地貌灾害；其他自然灾害如森林火灾等。

该类型的自然灾害往往会导致连锁反应，从而引起一系列的酒店安全问题，如火灾等，并造成巨大的经济损失。例如，2017 年 1 月 20 日，湖北南漳县某酒店背后突发山体滑坡，酒店部分房屋被掩埋[③]。2017 年 8 月 8 日，四川阿坝州九寨沟县发生 7.0 级地震，九寨沟某洲际酒店有 6 人遇难[④]。2018 年 9 月 16 日，受 15 级超级台风"山竹"的影响，深圳大梅沙京基某酒店遭海水倒灌[⑤]。2019 年 6 月 17 日，四川省宜宾市长宁县发生 6 级地震，造成梅硐镇一宾馆倒塌，业主受伤[⑥]。

2）危及酒店顾客健康和生命安全的其他自然因素和现象

这些因素包括缺氧、高山反应等。缺氧和高山反应多发生在海拔较高的地区，并可能由此引发肺气肿、脑水肿等致命症状。该类因素会使酒店顾客的健康与生命安全受到威胁，并产生一系列病症。如丽江、西藏等地，由于海拔较高，在该类地区酒店中经常出现住店顾客高原反应、缺氧等事件。因此，该类地区酒店应随时做好处理该类普发事

---

① 索马里酒店爆炸事件。检索时间：2021 年 3 月 12 日。
② 斯里兰卡爆炸案主要疑犯在香格里拉酒店爆炸中死亡。检索时间：2021 年 3 月 12 日。
③ 湖北南漳一酒店后山山体突发滑坡。检索时间：2021 年 3 月 12 日。
④ 死亡 6 人的九寨天堂洲际酒店，伤亡情况为何如此严重？检索时间：2021 年 3 月 12 日。
⑤ 感受下强台风"山竹"的威力！狂风巨浪酒店大门瞬间被海水冲垮。检索时间：2021 年 3 月 12 日。
⑥ 四川宜宾地震梅硐镇一宾馆坍塌　警方：伤亡暂不明。检索时间：2021 年 3 月 12 日。

件的准备及该类事故的处理预案。

3）环境因素导致的疾病

环境因素导致的疾病主要是指传染性疾病在酒店顾客中间发作的可能性及其对顾客与酒店从业人员的危害。与酒店这一活动区域有关的环境疾病包括疟疾、登革热等。其他环境因素引发的问题还有水土不服等。

1.4.6 其他安全问题

除了上述5种表现形态外，酒店安全表现形态还包括其他一些特殊的、意外的突发性事件。酒店中的很多安全隐患都可能诱发安全问题，如酒店内的烟感探头、灭火毯形同虚设，不执行入住登记制度，配电室疏于管理等。这类安全隐患一旦引发安全问题往往会对顾客及从业人员造成伤害。例如，2017年3月30日，安徽省庐江县城某宾馆电梯井内未安装电梯致1人踩空致死[①]。2018年6月27日，1名入住桂林某酒店的客人在游泳池溺水身亡[②]。

1.5 酒店安全现状

伴随着旅游业的兴起，作为旅游业三大支柱产业之一、且作为旅游活动中提供住宿与餐饮等综合性服务的酒店业，安全问题日趋成为人们关注的焦点。但从总体情况来讲，目前我国酒店的安全现状不容乐观，各类酒店安全问题频繁发生且经常被报道：

2016年7月5日晚，南京三牌楼大街某宾馆内，发生两女一男自杀身亡的事件；

2017年8月20日，广东深圳某商务酒店发生一起施工人员坠落事故，造成1人死亡；

2018年5月11日，郑某在大连某大酒店因未锁房门遭歹徒抢劫；

2019年3月14日，一名女子因失恋在江苏省金湖县某宾馆自杀身亡；

2020年3月7日19时5分，福建省泉州市鲤城区发生一起酒店坍塌事故，造成29人死亡，42人受伤；

2021年2月22日，河南省林州市某旅馆发生火灾，导致2人遇难，4人受伤；

……

---

① 小伙入住宾馆10 min坠亡电梯井 刑警及安监介入。检索时间：2021年3月12日。

② 女游客在桂林大公馆酒店游泳池溺亡！事发区域监控坏了。检索时间：2021年3月12日。

酒店安全问题呈现出逐年上升且类型多样的趋势，其主要体现在宏观的管理法规和管理政策、微观的旅游企业内部安全管理与运作两个层面。

1.5.1 酒店安全管理法规体系虽已建立，但尚待落实

现有的酒店安全法律法规主要有：《关于加强旅游涉外酒店安全管理，严防恶性案件发生的通知》（原国家旅游局、公安部，1993 年 8 月 30 日）、《旅馆业治安管理办法》（1987 年 9 月 23 日国务院批准，1987 年 11 月 10 日公安部发布，根据 2011 年 1 月 8 日《国务院关于废止和修改部分行政法规的决定》修订，根据 2020 年 11 月 29 日《国务院关于修改和废止部分行政法规的决定》修订）、《公共娱乐场所消防安全管理规定》（公安部，1995 年 1 月 26 日）、《旅游安全管理办法》（原国家旅游局，2016 年 9 月 7 日）、《旅游餐馆设施与服务规范》（原国家旅游局，2006 年 7 月 14 日）、《星级饭店客房客用品质量与配备要求》（LB/T 003—1996）（原国家旅游局，1996 年 6 月 15 日）、《旅游饭店用公共信息图形符号》（LB/T 001—1995）、《住宿业卫生规范》（卫监督发〔2007〕221 号）、《中华人民共和国消防法》（根据 2019 年 4 月 23 日第十三届全国人民代表大会常务委员会第十次会议《关于修改〈中华人民共和国建筑法〉等八部法律的决定》修正）、《商务部关于加快住宿业发展的指导意见》（商务部，2010 年 3 月 22 日）、《中华人民共和国食品安全法》（2018 年 12 月 29 日修正）、《食品经营卫生许可管理办法》（国家食品药品监督管理总局，2015 年 8 月 31 日）、《公共场所卫生管理条例》（国务院，2019 年 4 月 23 日第二次修订）、《国务院办公厅关于进一步激发文化和旅游消费潜力的意见（国办发〔2019〕41 号）》等。此外，各级地方政府和旅游局在贯彻执行国家相关法律法规的过程中，也根据本地的实际情况建立了一些相关的法规与条例。如《北京市星级酒店安全生产规定》《北京市旅馆业治安管理规定》等。这些安全法规几乎涉及酒店安全管理运行的各个方面，且与国家法律法规共同形成了相对完整的酒店安全管理法规体系。然而，上述法规多停留在宏观的管理层面，在具体操作层面中仍然存在诸多问题，落实情况也不尽如人意。

1.5.2 酒店安全管理机构已逐步建立，但尚待健全

根据国家有关政策和法规，除国家旅游局（现中华人民共和国文化和旅游部）外，酒店正常运作尚有其他主管机构。例如，工商局、税务局、技术监督局、烟草专卖局、外汇管理局、文化厅、劳动厅、环保局、地矿局、消防队、卫生防疫站、公安局、物价委员会等。这些部门形成了酒店安全管理的外围机构群体，从专业化角度对酒店安全加以管控，从而能够比较有效地抑制安全问题的发生。但是由于主管机构多而分散，往往

容易给酒店安全管理带来"三不管"的局面，造成酒店安全管理低效。在酒店行业内部，部分旅游管理部门、酒店企业设立了专门的酒店安全管理机构或设有专人负责安全管理的工作，从组织上保证了安全工作的贯彻实施。然而应该看到，至今尚有不少酒店企事业单位连专门的安全管理人员也没有。

1.5.3　内部管理不完善、酒店设施设备老化使安全隐患客观存在

酒店是我国较早与国际接轨的行业之一，能够较及时地引进或利用高新技术所创造的成果为酒店业服务。例如，现代化的声光电、防盗系统等。但因折旧年限、维修保养漏洞以及资金问题，酒店设施设备尤其是大型设施，如锅炉、电梯等老化问题较为严重，加之部分设施设备难以确认安全使用年限，使得安全性难以保障。有些企业为了降低经营成本，延长设施设备的使用年限，或延长设施设备的保养周期而造成设施设备老化、疲劳使用，从而带来安全隐患。

1.5.4　酒店安全认知现状与问题

安全认知是影响酒店安全的重要因素。旅游与酒店管理部门（者）、酒店顾客、酒店从业人员对酒店安全认知都存在不同程度的缺陷。

1）酒店安全已引起酒店管理部门重视，但主观认识仍不足

酒店安全问题的破坏性已引起旅游与酒店管理部门的重视。主要表现在以下几个方面：

①各地市旅游与酒店管理部门注意到旅游旺季、重大节日、重大节事活动等特殊时期的安全保障问题，采取下发通知与紧急通知、检查与抽查等多种措施促使酒店加强安全意识与安全管理，为顾客提供安全的服务与消费环境。仅从各节事之前，各级政府以及旅游主管部门下发的一系列安全检查通知中及采取的一系列节事活动部署中就可见其对酒店安全的重视：2019年2月13日，北京发布了《关于进一步做好春节、元宵节期间旅游安全工作的通知》，切实保障广大游客生命财产安全；文化和旅游部先后出台、颁布了《关于改善节假日旅游出行环境促进旅游消费的实施意见》《关于发布"2019十一黄金周体育旅游精品线路"的公告》《关于发布"2019春节黄金周体育旅游精品线路"的公告》等意见和办法，协调节假日旅游工作，进一步完善和强化旅游相关的交通、保险、住宿、消费、服务、设施等安全管理工作，保证了节假日旅游工作的规范开展，引导节假日旅游市场平稳而有序发展。

②密切关注可能损害酒店消费者安全的各种因素。2018年1月29日，为扎实做好冬春消防安全工作，进一步加强酒店消防安全管理，彻底消除火灾隐患，严防各类火灾

事故的发生，湖南省岳阳县大队监督检查人员深入富雅、万福来等酒店进行消防安全检查指导工作；2019年9月20日，广西壮族自治区上思县市场监督管理局对酒店、餐馆进行食品安全检查专项行动，确保国庆期间市场秩序稳定有序；2021年2月3日，由福州市委文明办、市商务局、市市场监管局、晋安区市场监管局组成的联合检查组，对晋安区福新路沿街大型酒店、中小餐馆进行抽查，保障春节期间食品安全等。

③加强对酒店设施设备的安全管理和检查。确保酒店内电梯、锅炉等特种设备的正常运作与安全运行，避免大型安全事故发生。2018年10月4日，为确保"十一"期间社会稳定，预防和遏制特种设备事故发生，北京市延庆区质监局对麦穗酒店、时尚爱思酒店、速八酒店等人员密集场所的在用特种设备开展安全检查，对直梯的定期检验情况、日常维护保养情况、安全标识设置情况进行了重点监督检查；2020年3月12日，为确保疫情期间特种设备规范运行，保障人民群众生命安全，陕西省西安市碑林区市场监管局对辖区隔离留观酒店及重点超市的特种设备运行情况进行监督检查；2020年3月25日，广西壮族自治区北海市监分局对辖区内酒店宾馆开展特种设备安全大检查，进一步加强酒店宾馆场所特种设备安全保障工作等。

尽管如此，酒店管理者对酒店安全仍存在主观认知不够甚至认识错误的问题。至少有以下几方面原因：①存在侥幸心理，认为大型设备都是得到认证的国际知名厂家出品，发生安全问题的可能较小，因此对特种设备的安全问题认识不够，并且认为酒店安全问题上报与否关系不大；②认为安全问题上报会为酒店带来不良影响，影响酒店的声誉及客源等；③在行业与企业不景气的情况下，将有限的资金投入吸引与招徕顾客中，而缩小在安全中的投入，显然，这种认识上的主观错误行为对掌握安全动态、及时妥善处理和消除安全事故带来的不良影响、完善酒店安全环境造成极大的障碍。

2）顾客自身安全认知不够

顾客在入住酒店或在酒店进行就餐等消费活动时，往往对酒店持有较高的信任度，主观上认为酒店（尤其是星级酒店）会提供安全的消费环境，因此容易放松安全防范，从而导致安全事故的发生。例如，2017年8月28日，河南省宝丰县某宾馆的洗手台坍塌，导致一顾客3根手指肌腱和神经断裂[①]。2019年4月8日，黑龙江省哈尔滨市某宾馆客房内被子起火导致火灾，给宾馆造成严重损失[②]。2019年10月5日，江西省南昌市某酒店，因新员工操作不熟练导致重复开房，使得顾客在洗澡时房门被开受到惊吓[③]。

---

① 河南一宾馆洗手台掉落 致客人手指肌腱断裂。检索时间：2021年3月12日。

② 哈尔滨一宾馆突发火灾，现场浓烟滚滚，所幸没有人员伤亡情况。检索时间：2021年3月12日。

③ 酒店重复开房致顾客受到惊吓。检索时间：2021年3月12日。

3）酒店从业人员虽然都在一定程度上接受了安全教育，但对安全认知仍显不足

部分酒店从业人员在上岗之前接受了一定的安全教育，但是还有一部分酒店为了降低成本，在员工上岗之前没有进行任何形式的安全教育，从而为酒店安全事故埋下了隐患。此外，在实际工作过程中，服务人员也容易忽视酒店的安全认知，从而对自身、顾客以及酒店造成伤害，甚至酿成可怕的悲剧。例如，2016年2月14日，海南海口市秀英区一酒店内员工李某将客人的一部手机偷走[1]。2019年5月2日，深圳南山区某酒店工作人员郭某利用其职位便利，用假酒偷换客人购买的昂贵酒水[2]。

【教学实践】

组织参观酒店各种安全设施，并利用所学知识对酒店的各方面安全问题予以讨论。

【本章自测】

1. 简述酒店安全的本质。
2. 简述酒店安全的特征。
3. 简述酒店安全的规律。
4. 酒店安全表现形态主要有哪几种？
5. 阐述酒店安全现状。

---

[1] 女员工在酒店更衣室盗窃苹果手机。检索时间：2021年3月12日。
[2] 酒店管理员偷梁换柱盗茅台酒获刑。检索时间：2021年3月12日。

第 2 章

酒店安全控制与
管理的基础理论
和原理

【学习目标】

本章要求学生掌握酒店安全控制的基础理论，并能用这些方法和理论解释、分析和解决各种安全问题。

【知识目标】

认识马克思主义方法论，并掌握马斯洛的需求层次理论。

【能力目标】

逐步掌握科学的管理方法和社会科学方法。

【关键概念】

唯物主义　方法论　需求论　管理科学理论

　　方法论是关于认识世界和改造世界的方法理论。方法论在不同层次上有哲学方法论、一般科学方法论、具体科学方法论之分。关于认识世界、改造世界、探索实现主观世界与客观世界相一致的最一般的方法理论是哲学方法论；研究各门具体学科，带有一定的普遍意义，适用于许多有关领域的方法理论是一般科学方法论；研究某一具体学科，涉及某一具体领域的方法理论是具体科学方法论。三者之间的关系是互相依存、互相影响、互相补充的对立统一关系；而哲学方法论在一定意义上具有决定性作用，它是各门科学方法论的概括和总结，是最一般的方法论，对一般科学方法论、具体科学方法论有着指导意义。马克思主义哲学是唯一科学的哲学方法论，它不仅是认识客观世界的武器，也是改造现实的武器。

2.1　马克思主义哲学

　　马克思主义哲学是建立酒店安全观和酒店安全认识的思想理论基础。哲学是关于世界的根本看法，任何学科的研究都无法脱离哲学的影响。马克思主义哲学作为酒店安全研究的基础理论，主要表现在以下几个方面：

2.1.1　唯物主义认识论

　　唯物主义认识论坚持从物质到意识的认识观点，认为人的认识是物质世界的映像和反映，世界是可以认识的^①。这种认识论是我们建立科学正确的酒店安全观和酒店安全认识论的基础，是我们认识旅游本质、旅游安全和酒店安全本质的理论基础。基于此，我们才认为酒店安全本身具有特定的规律和特点，是可以为我们所认识的，也是可以为我们所控制的。这也是酒店安全研究的现实意义和根本出发点所在。

2.1.2　唯物主义方法论

一切从实际出发、实事求是、具体情况具体分析的辩证唯物主义方法论，是分析、研究旅游地社区安全文化背景、旅游者社会人口学特征、旅游活动环节与酒店安全问题的发生规律和特点，以及酒店安全的本质特征的方法论基础。

2.1.3　需求论

马克思、恩格斯关于人的需要的论述在一定程度上把对旅游活动中的安全需要的研究提升到了哲学的高度。"通过有计划地利用和进一步发展现有的巨大生产力，在人人都必须劳动的条件下，生活资料、享受资料、发展和表现一切体力和智力所需的资料，都将同等地、愈益充分地交归社会全体成员支配。"^②这说明，人有三种需要——生存需要、享受需要和发展需要。一方面，人的三种需要，可以通过旅游得到实现，即旅游是人的需要的一种实现形式，而旅游离不开酒店的住宿和饮食。另一方面，人的生存需要显示了旅游活动中安全的重要性，并逻辑地反映了旅游是提高人类生存安全、生存能力的形式之一。生存的要求是人的自然属性。但随着人类社会文明的进程，生存需要不论在量或质的方面都是向上发展的，并在现代社会表现为现代世界的生存竞争。而旅游无疑是人们提高生存竞争力的一种助推器。

马克思主义哲学的认识论、方法论、需求论为研究旅游安全观和酒店安全认知、酒店安全特征与本质，研究酒店安全发生规律、旅游安全、酒店安全与人类自身发展需要的关系提供了基础理论依据和方法，是酒店安全研究的理论来源之一。

2.2　马斯洛需求层次理论

对人类动机的研究表明，在消遣和旅游需求的决定因素及其实践方式中，发挥决定

---

① 辞海编辑委员会．辞海（1989 年版）[M]．上海：上海辞书出版社，1994：443．

② 转引自黄国雄，1997。

性影响的是社会心理因素。[1]马斯洛（Abraham Maslow, 1908—1970）的需求层次理论从人的本质和心理需求角度提供了对旅游活动中酒店安全需求及其属性的心理学解释，是了解旅游动机的基础，也是酒店安全研究的理论基础之一。

2.2.1　安全需求层次

马斯洛把人的需求划分为生理需求、安全需求、归属与爱需求、受尊重需求、自我实现需求 5 个层次，如图 2.1 所示，需求层次逐步由低向高发展。一般地，层次越低的需求越容易满足，越高的需求越不容易满足。但层次越低的需求，则越基本。显然，安全需求是继生理需求之后人的第二需求，必须得到优先满足。而安全需求包含着各种不同的概念，包括诸如受到保护，摆脱恐惧，经济、政治和社会的稳定，免受战乱和犯罪的伤害等方面。当旅游成为人们的普遍生活方式之一时，旅游安全和酒店安全便成了高层次的安全需求。

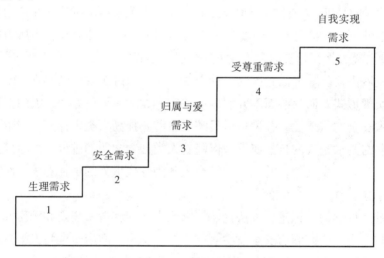

图 2.1　马斯洛的需求层次

2.2.2　旅游安全需求理论

对马斯洛的需求层次理论的进一步研究发现，人的需求具有潜在性和可变性。人的一生中存在着多种需求并非每时每刻全部被主体所感知和认识。有许多需求是以潜在的形式存在的，这些潜在的需求由于客观环境和主观条件的变化，才变得迫切而为其主体

---

① 路易－安托万·德尔诺瓦，《工业化生活环境中劳动与闲暇的历时性研究及其前景》，埃克斯闲暇、旅游与环境经济研究所博士论文，1982 年 12 月。转引自罗贝尔·朗卡尔（1997：25）。

所感知。当旅游者离开居住地进入一个完全"陌生"的"旅游社会"时①，原来井然有序的主流生活中的需求层次也发生了变化，从而形成了"旅游社会"中的新的旅游需求层次，这种需求当然包括酒店的安全需求。

旅游者在居住地已经得到基本满足的安全需求，由于旅游活动客观环境的变化和旅游者主观心理感受的不同而重新显现出来，成为有别于原来安全需求的、较高层次的新安全需求——旅游安全和酒店安全需求。这种新的安全需求实际上贯穿于旅游活动的全过程，并在适当的背景下显示出其迫切性。旅游安全需求客观上对旅游行为、旅游决策、旅游目的地、旅游趋势和旅游政策带来很大的影响，见表 2.1。

表 2.1　旅游安全需求对旅游行为、旅游政策的影响

旅游安全需求	对旅游行为和旅游目的地的影响	给旅游政策和计划带来的后果
旅游者人身安全需求	①避免到因犯罪率高或政治不稳定而闻名的旅游地 ②找近的或熟悉的旅游地	①必须在外国人旅游区提供保护旅游者安全的机制 ②必须建造更安全的留宿地 ③必须纠正无根据的政治不稳定形象
旅游中的疾病保险需求	①老年旅游者寻找的是有可靠医疗设备的旅游地 ②旅游医疗急救费用增加	①必须改善旅游者接受的医疗条件 ②必须发展社会保险方面的国际双边协议 ③必须使旅游者更容易找到医护警

资料来源：根据罗贝尔·朗卡尔（1997：35）整理。

以旅游活动中人身安全需求和疾病保险需求两种旅游安全需求为例。旅游者人身安全需求在旅游活动中的表现之一便是旅游者避免到因犯罪率高或政治不稳定而闻名的地方去，或寻找距离较近的、熟悉的旅游地。而旅游中疾病保险需要的表现之一便是旅游者尤其是老年游客寻找有可靠医疗设备的旅游地，并导致了旅游地医疗急救费用的增加。从另一方面看，由于旅游暂时脱离"世俗世界"的特点，旅游也成了某些失望者或愿望未得到满足者的安全庇护所。

---

① 自离开居住地踏上旅游征程的那一刻起，旅游者便进入了区别于原居住地"世俗世界"的"神圣世界"。从旅游者的角度看，这种"神圣世界"既有别于原居住地社会，又有别于纯粹的旅游地社会，但又没有脱离整个社会的大范畴，仅仅是旅游本质属性导致旅游者心理感受变化而产生的区别。这里暂称为"旅游社会"。

2.3 系统论、信息论、控制论

系统论、信息论、控制论等现代组织理论为酒店安全研究和酒店安全控制与管理提供了战略方法和宏观策略指导。

2.3.1 系统论

系统论认为系统是由许多相互作用、相互依赖的要素所组成的，是具有特定功能的有机体。酒店安全具有系统的基本特征，是一个复杂的系统。酒店所在地社区、酒店建筑物、酒店消费者、酒店设施设备、酒店从业者等都可看成酒店安全系统的子系统。根据系统论观点，对于酒店安全系统而言，组成系统的基本要素有 3 个：人（消费者、酒店从业者、酒店所在地居民）、物（设施设备、消费物品、环境）、信息（旅游地安全形象、酒店安全形象、酒店活动环节安全状况、消费者安全偏好与认知等）。

2.3.2 信息论

信息存在于整个酒店安全系统中，形成了酒店安全信息系统，如图 2.2 所示。在酒店安全系统中，除设施设备是单一的信源外，系统的其他组成要素均集信源与信宿为一体。消费者把自身的背景、安全认知、安全偏好、安全经历及价值取向通过酒店消费行为等传递给酒店、酒店管理者和服务人员；酒店则把酒店安全形象、安全状况传递给消费者和服务人员。在酒店安全信息系统中，酒店管理者处于系统的核心地位，既是信源、信道，又是信息的处理中心。酒店管理者根据酒店安全信息，针对消费者的安全需求和酒店安全管理需求制定酒店安全政策和安全管理措施。

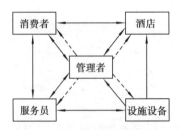

图 2.2　酒店安全信息系统

2.3.3 控制论

酒店安全研究的终极目的在于寻找行之有效的安全管理对策和可靠的解决措施。但由于酒店安全问题表现出不可避免性，只能在一定的范围内使风险和危害降到最小化，因此，酒店安全管理的实质就是对酒店安全系统的控制。根据控制论论点，酒店安全系统的控制可分为事前控制（预期控制）、现场控制和事后反馈控制。酒店安全系统的控制是以避免或减少酒店安全事故、防止酒店安全事故发生为目标，考察和分析酒店安全问题的特点与发生规律，研究酒店安全管理措施与保障体系，通过酒店安全系统的控制，实现预定的安全管理目标。

2.4 管理科学理论

将数学尤其是运筹学大量引入管理领域，是管理科学学派的显著特征，因而这一学派又称为数量学派，并在很多场合被看成运筹学的同义语。该学派理论认为，管理就是把科学的原理、方法和工具应用于管理的各种活动，制订用于管理决策的数学和统计模型，并进行求解，以降低管理的不确定性，使投入的资源发挥最大的作用，得到最大的经济效果。正是这些科学的计量方法，使得管理问题的研究由定性走向定量。酒店安全管理属于实践操作性较强的管理体系，酒店安全的防控、管理与决策等管理行为都必须应用管理科学的数量方法，来指导酒店安全管理的理论与实践。管理科学理论在酒店安全控制与管理中的应用体现在以下几个方面：

2.4.1 观察和分析

观察和分析是发现和解决酒店安全问题的关键，是各个步骤的基础。酒店安全管理者的才干之一就表现在能敏感而机警地发现问题。酒店安全管理人员在发现安全问题后，有必要进一步搜集材料，丰富有关这一安全问题的知识，然后加以分析，了解事实材料背后的缘由，加深对安全问题的理解。

2.4.2 确定酒店安全问题

通过对酒店安全问题的观察和分析，找出酒店安全问题存在的关键原因和症结所在，从而确定酒店安全问题的实质内容，即确定影响酒店安全问题诸多因素，特别是目标、约束条件、组织各部门间的关系、可能取代的其他途径、上级领导要求的限制等。在确定目标时，要以整个组织的最优化，而不是以局部优化为终极目标，且酒店安全目标和其他因素都应尽量具体化和计量化。

2.4.3　建立模型以代表所研究的系统

管理科学中常用的是数学模型，即用一组变量的函数来表示安全系统的效率。数学模型的一般形式为：

$$E = F(x_i, y_j)$$

在酒店安全管理中进行应用时，其中，E 代表酒店安全系统的效率（防控效果、安全投入成本等），叫作安全目标函数；F 代表函数关系；x_i 代表安全系统中受控制的变量；y_j 代表安全系统中不受控制的变量。

在管理科学理论的应用实践中，常常用到一些数学模型，包括盈亏平衡点模型、库存模型、线性规划模型、目标规划、整数规划、动态规划、决策模型、网络模型、排队模型、模拟模型、马尔柯夫过程、对策论等。

2.4.4　从模型得出解决方案

该方案包括找出使酒店安全系统效率最优化的"可控变量"的值。但在得出解决方案之前，先要通过不断比较和筛选，得到最好的一个酒店安全管理模型，然后采用恰当的技术求解。管理科学虽然以最优化为目标，但事实上从模型得出的解答只能是一种预期性或平均性的答案，可能只是"令人满意"的解而不是最优解。

2.4.5　对酒店安全管理模型及解决方案进行检验

该检验包括验算变数，用实际的安全防控与管理的情况来检验模型的预测，并对实际的酒店安全防控结果和预计的酒店安全防控结果进行比较等。酒店安全管理部门应先在小规模的实验中确定酒店安全管理模型的功效，如果发现差错，可对酒店安全管理模型加以适当的修改，从而得出新解。

2.4.6　建立对安全解决方案进行监控的手段

酒店安全管理模型是否有效，决定于它是否能代表所研究的酒店安全系统。但由于现实的安全问题或安全体系是动态而变化的，因此必须注意其变化而建立适当的监控手段。

2.4.7　把酒店安全解决方案付诸实施

这是把酒店安全管理方案转化为可行的安全作业程序的一个过程，酒店安全管理人员应注意酒店安全管理模型的目标、假设、限制甚至遗漏事项，并将情况反馈到前面的步骤中去，同时对临时发现的偏差和缺点予以补救和纠正。

2.5 社会学理论

社会学是通过人们的社会关系和社会行为，从社会系统的整体角度来研究社会的结构、功能和社会现象发生和发展规律的一门综合性的社会科学。

2.5.1 社会学和旅游社会学理论

社会学兴起于 19 世纪 30 年代，源于对当时社会矛盾、社会变革的思考和对自由、平等的追求。19 世纪 90 年代，社会学成了社会科学的一门基本学科，并大体确定了它的研究内容和方法，德国的韦伯（Max Weber，1864—1920）把社会学定义为研究人的行为的科学，把社会学的研究对象规定为社会行为者的主观意义，即人们的动机与价值取向。韦伯指出，社会学要认识的是社会行动，要从根本上说明社会行动的过程和影响；并力图证明宗教思想是社会发展的主要动力。伴随着社会学和其他学科的交叉结合，旅游社会学作为社会学的一个分支从 20 世纪 70 年代开始出现，至今已经形成了旅游社会学研究的 7 个流派，即发展演进学说，新迪尔凯姆学说，冲突和批判学说，功能主义学说，韦伯主义学说，形式主义、现象学和人种学方法论、符号互动主义。[①]

2.5.2 旅游社会学理论在酒店安全控制与管理中的应用

①从社会心理学角度和心理需求方面，探讨消费者在酒店消费过程中的安全认知、安全行为及防范措施。

有别于马斯洛需求层次理论，社会心理学研究消费者的安全需求的本质，关注消费者在普遍安全需求的基础上对安全的认知、消费活动中与安全有关的决策以及随后的安全防范等相关问题。例如，2002 年印尼巴厘岛恐怖爆炸事件之后，仍然有不少旅游者到巴厘岛旅游。那么，这部分旅游者在认识到巴厘岛存在的危险之后，如何看待巴厘岛的旅游安全？选择巴厘岛作为目的地后又采取了何种防范措施？这些都是社会心理学介入

---

① 对于旅游社会学理论流派如何概括至今仍在争论之中，目前成形的主要说法有 3 种，包括 Dann 和 Cohen（1991）的 7 种流派说、Apostolopoulos（1996）的 8 种流派说和王宁（1999）的 10 种流派说。

旅游安全研究的内容之一。社会心理学的介入，能够解释消费者潜藏在酒店消费行为背后对酒店安全的理解、动机及目的地选择与决策行为、酒店行为模式及影响。

②社会学中关于犯罪与社会失范的相关理论有助于解释酒店中存在的犯罪现象，并且有助于预防和解决酒店安全中的犯罪问题。

由于旅游的异地性、暂时性及其带来的对旅游地陌生、消费攀高、道德弱化等现象，容易使旅游者成为犯罪的对象甚至是犯罪的主体。犯罪由此成为旅游地酒店安全的主要表现形态之一。社会学中关于犯罪与社会失范的相关理论可以用于解释酒店安全中存在的犯罪现象，解析旅游与犯罪的关系和酒店中犯罪背后的社会动机与社会根源。迪尔凯姆用失范来指社会群体或个人的失常、道德败坏等状态。旅游社会学者则认为反常行为（包括犯罪）与旅游客源地在普遍意义上的不正常和无意义的现象是相对应的。

③社会学中的冲突与批判理论有助于解释酒店消费过程中"主客"关系的冲突现象及由此引发的安全问题。

酒店是一个复杂的、有众多行为存在的消费场所，涉及旅游者、当地居民、企业及政府等多个层面。其中，社会学的冲突理论有助于理解酒店中"主客"冲突的形态、程度及安全系数，从而为酒店经营管理者提供借鉴和解决的依据。

④社会学中的符号互动主义对酒店安全问题的发生与预防也具有一定的作用。

一方面，酒店消费者所具有的外在符号容易引起犯罪分子的关注，导致犯罪等问题的发生；另一方面，消费者的外在符号也能吸引酒店管理人员关注的目光，从而在一定程度上预防了酒店安全问题的发生。同时，消费者的外在符号对研究消费者的酒店消费行为、安全取向也具有一定的意义。

【教学实践】

组织学生就各种方法论的情况及其运用进行讨论。

【本章自测】

1. 简述唯物主义认识论的概念。
2. 简述旅游社会学的概念。
3. 简述管理科学理论的 3 种原理。
4. 举例说明马斯洛的需求层次理论。
5. 如何在酒店安全控制与管理中运用管理科学理论？

第 **3** 章

酒店安全控制与

管理系统

【学习目标】

本章要求学生掌握酒店安全控制与管理的基本知识；认知酒店安全控制与管理的内容与特点；了解酒店安全控制与管理的计划、制度和措施。

【知识目标】

认识酒店安全网络与安全组织；掌握酒店安全的认知与教育。

【能力目标】

能了解酒店安全控制与管理系统的运行规律；能提出酒店安全控制与管理的计划、制度和措施。

【关键概念】

酒店安全认知与教育　酒店安全控制　酒店安全网络

案例导入

酒店安全控制与管理在预防和处理酒店意外事故中会起到极其重要的作用，应加强酒店上下员工对安全的认知与教育；否则，一时的疏忽便会造成严重的后果。

2021年1月19日，三亚太阳湾某酒店发生一起游客溺亡事故，事发地为酒店室内泳池旁的按摩池，当时该游客意识清醒，情绪状态良好，在按摩池中移动时突发呛水，由于当时泳池无任何救生员在场，远处虽有打扫人员和住客路过，但均未发现，该游客挣扎了20多秒后沉入水下，5分钟后由住客发现并寻找救生员，7分多钟后救生员方才到达现场，但为时已晚。

酒店安全控制与管理的内容有4个方面，分别是建立有效的安全组织与安全网络，制订科学的安全控制与管理计划、制度与措施，紧急情况的应对与管理和酒店从业人员的安全管理。

3.1　建立有效的安全组织与安全网络

鉴于酒店安全控制与管理的复杂性，酒店安全控制与管理工作除由安全部具体负责外，还应建立有效的安全组织与安全网络。它由酒店的各级管理人员和一线服务员组成，与酒店的保安部一起共同完成安全管理。酒店安全控制与管理工作内容包括酒店的消防控制与管理、治安控制与管理以及日常的楼面安全控制与管理。

3.1.1 酒店安全网络构成 [①]

酒店安全网络是旅游安全管理网络系统中的一个子系统，应与旅游的安全管理工作协调一致，并与酒店各工作部门、各工作岗位的职责和任务结合起来。由于酒店安全管理工作始终贯穿于生产、服务过程中，并与其他部门相互依赖与关联，因此酒店安全网络应包括：

1）酒店层网络

酒店层网络是由酒店高层领导、保安职能部门及酒店其他部门经理组成的，对整个酒店安全管理负责任的工作网络。它的任务是指导安全管理工作的开展，制订酒店安全管理计划与安全管理制度并督促其有效实施。它的工作机构是酒店的保安部门。它的工作手段是计划和制度实施的检查与考核。它的监控方式是通过设在各部门、各岗位及酒店各要害部门、公共区域中的安全监控系统来实施的。保安部设在酒店电梯口、楼层通道、休息会议厅等场所的安全监控系统是酒店安全管理工作的技术支持与保障。

2）部门管理层网络

部门管理层网络是由酒店房务部、各楼层管理人员、酒店保安部分管各楼层安全管理工作人员及相关部门如工程部人员组成的，对酒店各楼层安全管理负责任的工作网络。它的任务是指导房务部、各楼层安全管理工作的开展，制订房务部、各楼层安全管理计划和安全管理制度并督促其有效实施。它的工作机构是房务部、各楼层经理领导下的安全管理小组；这个小组由酒店保安部进行业务指导，人员由保安部分管各楼层安全管理工作人员及相关管理人员组成。它的工作手段是在各自的工作岗位上结合生产、服务工作流程的开展进行安全管理工作。它的监控方式是通过楼层安全管理计划和安全管理制度来实施的。

3）楼面服务层网络

楼面服务层网络是由酒店楼面所有一线服务人员组成的安全工作网络，这个网络的人员遍及楼层每个部位，在全天候24小时的楼面服务过程中实施楼层的安全管理工作。它的工作手段是把安全管理的内容、楼层安全管理计划和安全管理制度结合到自己岗位上的服务操作中，消除不安全隐患，避免不安全事故发生。这个层面安全网络的效果取决于楼层服务员对楼层安全管理重要性的认识程度。因此，楼层管理人员应对楼层员工

---

① 郑向敏. 旅游安全学[M]. 北京：中国旅游出版社，2003：110-114.

开展经常性的安全教育，进行安全管理工作程序及相关技术的培训，以达到全员注重安全。杜绝不安全隐患的目的。

3.1.2　酒店安全组织与安全职责

安全组织是酒店安全管理的组织，也是酒店安全计划、制度与安全管理措施的执行机构，负责酒店的安全与治安工作。酒店安全组织除履行旅游安全管理委员会指定的安全职责外，还需根据酒店的安全管理特征，履行酒店特有的安全职责。酒店安全组织一般包括安全管理委员会、安全管理小组、治安协管小组和消防管理委员会。

1）安全管理委员会

安全管理委员会由酒店高层领导、保安职能部门及酒店其他部门经理组成，并对整个酒店安全管理工作负总责任的组织。它的任务是指导安全管理工作的开展，制订酒店安全管理计划、制度与安全管理措施，并督促其有效实施。

2）安全管理小组

酒店保安部是负责酒店安全工作的职能部门。保安部一般设有多个专门小组负责酒店各专项、各部门的安全管理工作。保安部内负责房务部安全管理工作的保安小组人员、楼层治安协管小组组长、消防管理小组组长及楼层相关管理人员就构成了酒店各楼层安全管理小组。楼层安全管理小组向酒店保安部和房务部经理负责，执行和监管酒店的安全管理工作。

安全管理小组的主要职责有：

①协助酒店管理者制订、实施楼层的安全计划，并根据实施中所发现的问题或各种变化的因素，向酒店管理层提出修改或完善有关安全管理的政策、程序等方面的建议。在得到认可后，负责对酒店安全计划进行修订与实施。

②将酒店的安全管理工作与酒店的整体管理工作统一、协调起来，使酒店安全工作与各工作部门及各工作岗位的职责、任务有机地结合，从而使酒店安全管理计划在各楼层得到有效实施。

③对酒店员工开展安全教育，进行安全工作程序及技术训练。负责使每个员工了解并掌握与各自工作岗位有关的安全工作程序与技术，懂得如何应付可能出现的紧急事故，如火灾、停电等，明白在紧急状况下自己所应起的作用及应采取的措施，并学会使用各种安全设备的方法及技术。

④保证酒店内各种安全设备设施始终处于良好的使用状态。通过定期或经常的检查，及时提出修理、更换或添置要求。

⑤组织开展酒店各楼层安全管理工作的各项活动，负责对酒店管理工作进行阶段性

分析，并以各种信息反馈形式（如报表、评估报告、专题汇报等）向保安部及酒店管理者反馈安全管理工作情况。

⑥指导酒店治安协管小组开展日常治安管理工作。

3）治安协管小组

治安协管小组是由酒店各楼层员工组成的，协助楼层安全管理小组实施楼层安全计划，做好安全管理工作。由于治安协管小组都非专职的安全保卫人员，而是在其工作岗位上兼任安全协管工作，因此，必须选用综合素质高、积极负责的员工做安全协管员，明确他们协管的区域及任务，为他们提供必要的安全管理知识与技能训练，树立他们在楼层安全协管工作中的权威地位。

治安协管小组的主要职责有：

①协助楼层安全管理小组执行日常安全管理工作，落实和实施楼层治安工作责任制和安全计划，维护楼层治安秩序。

②对楼面公共区域、电梯入口进行必要的监控，在日常工作岗位上监管安全工作，发现有不安全现象，应尽快将其控制，一旦出现不安全情况及事故，及时向楼层安全管理小组或保安部汇报，保证不安全情况能及时得到控制和解决。

③协助楼层安全管理小组及保安部人员调查和处理客人及员工报告的各种涉及安全问题的事件，防止犯罪分子及可疑人员进入酒店。

④结合岗位工作，做好日常的安全工作记录；对分管区域内的安全设备设施进行检查与管理，做好这些设备设施的使用、维修及更换记录。

⑤对客人在客房内的隐私安全、心理安全、生活安全负责，协助客人做好安全防范工作。

4）消防管理委员会

消防管理委员会负责管理和领导酒店的消防管理工作。消防管理委员会由酒店的房务部、保安部、工程部及相关部门的领导组成，酒店总经理是消防委员会的主任。由于酒店的消防工作涉及每个岗位、每个人员，因此，酒店消防管理小组必须由楼层中各种不同工作岗位的员工代表参加，以便消防安全管理能触及楼层各个层次与区域。酒店消防管理委员会的主要职责有：

①认真贯彻上级和公安消防部门有关消防安全工作的指示和规定，把防火工作纳入本酒店的日常管理工作中，做到同计划、同布置、同检查、同评比。

②实行"预防为主，防消结合"的方针，制订灭火方案和疏散计划，定期研究、布置和检查酒店的消防工作。

③充分发动与依靠每个员工，实施岗位防火责任制，保证酒店消防工作计划和政策

的实施与落实；定期进行防火安全检查，消除火灾隐患和不安全因素。

④组织检查酒店消防器材的配备、维修、保养和管理，确保消防设施、设备及器材的完好，使其始终处于良好的使用状态。

⑤组织酒店员工消防知识教育培训与消防演习，使每位职工认识消防工作的重要性，发现不安全因素立即排除并上报，让员工熟悉报警程序、疏散程序、熟悉紧急出口和通道，并能正确使用灭火器材。

3.2　酒店安全控制与管理的计划、制度和措施 [①]

酒店安全控制与管理的计划、制度和措施能将安全问题防患于未然，避免或减少安全问题发生的频率。其内容包括：犯罪与盗窃的防范计划、控制与管理，防火安全计划与消防管理措施和常见安全事故的防范计划与管理措施。应该强调的是，酒店安全控制与管理的计划、制度与措施的内容必须符合国家的有关法规，符合酒店所在地的地方性有关法规及社会治安条例，还必须能被酒店的客人所接受。同时，安全控制与管理的计划、制度与措施本身应根据情况的变化及客人安全需求的变化不断进行更新和发展。

3.2.1　犯罪与盗窃的防范计划、控制与管理

酒店对客人及员工生命、财产安全负有特殊的责任。酒店常见的危害客人及员工生命、财产安全的问题主要为犯罪、盗窃和火灾3种形式。因此，犯罪与盗窃的防范计划、控制与管理是酒店安全管理的重要内容。

1）客人生命、财产的安全控制与管理

（1）入口控制与管理

酒店是一个公共场所，除衣冠不整者外，任何人都可自由出入。众多的人流中，难免有图谋不良分子或犯罪分子混杂其间，因此，入口控制就显得非常重要。酒店入口主要有酒店大门入口、楼层电梯入口和楼层走道。

①酒店大门入口控制与管理。

a.酒店不宜有多处入口，应把入口限制在有控制的大门。这种控制是指有安全门卫

---

① 郑向敏．旅游安全学 [M]．北京：中国旅游出版社，2003：115-131．

或闭路电视监视设备控制。在夜间,只应使用一个入口。b.酒店大门的门卫既是迎宾员,又是安全员。应对门卫进行安全方面的训练,使他们能用眼光观察、识别可疑分子及可疑活动。另外,在酒店大门及门厅里应有保安部的专职安保人员巡视。他们与门卫密切配合,对进出的人流、门厅里的各种活动进行监视。如发现可疑人物或活动,应及时通过现代化的通信设备与保安部联络,以便采取进一步的监视行动,制止可能发生的犯罪或其他不良行为。c.现代星级酒店一般都要求在大门入口处安装闭路电视监视器(摄像头),对入口处进行无障碍监视,由专职人员在安全监控室进行24 h不间断的监视。监视人员与门卫以及在入口处巡视的安保人员织成一个无形、有效的监视网,对酒店大门入口进行安全控制,保证大门入口处的安全。

②楼层电梯入口控制与管理。电梯是到达楼层的主要通道。许多酒店设有专供客人使用的专用电梯。为确保酒店安全,必须对普通电梯及专用电梯入口加以控制。控制方法一般采用人员控制或闭路电视监控。监控位置一般在大厅电梯口、楼层电梯口和电梯内。

a.人员控制。通过设置电梯服务岗位来达到人员控制。这个岗位并非固定的,而是根据需要进行设置。一般在酒店举行会议、展销等大型集会时,由于进出酒店的人流较多,电梯瞬间人流大,采用闭路电视监控较难达到监控效果时,才设置电梯服务岗位。由服务岗位的服务员招呼迎送上下客人并协助客人合理安排电梯上下,尽快疏散人流。这一岗位上的服务员同样应受过安全训练,学会发现、识别可疑人物进入楼层,并能及时与楼层巡视的保安部人员联络,对进入楼层的可疑人物进行监督。b.闭路电视监控。酒店通过设置在大厅电梯口及各楼层的电梯口及电梯内的摄像头组成的闭路电视监控网达到监视作用。安全监控室的专职人员通过闭路电视监控网对上下电梯的人员进行监视,发现疑点,及时与在各层巡视的安保部人员联络,进行进一步监视或采取行动制止不良或犯罪行为,必要时采取录像存档,以便以后作为佐证和对比材料使用。

③楼层走道控制与管理。

a.保安部例行走道巡视控制。派遣安保人员在楼层走道里巡视应是保安部的一项日常、例行的活动。在巡视中,应注意在楼层走道上徘徊的外来陌生人及不应进入楼层的酒店职工;也应注意客房的门是否关上及锁好,如发现某客房的门虚掩,安保人员可去最近处打电话给该客房。若客人在房内,提醒他注意关好房门;若客人不在房内,就直接进入客房检查是否有不正常现象。即使情况正常,纯属客人疏忽,事后也应由保安部发出通知,提醒客人注意离房时锁门。保安部对楼层走道巡视的路线、经过某一区域的时间应不时作出调整和变更,不能形成规律,以免让不良分子钻空子。但是,单靠安保人员巡视来保证楼层走道的安全还远远不够。因为巡视的安保人员数量少,巡视时间间隔长，因此有很大的局限性。b.楼层全员岗位控制。楼层安全计划应明确要求凡进入楼层区域工作的工作人员，如客房服务员、客房部主管及酒店经理等都应在其岗位工作中起到安全控制与管理的作用，随时注意可疑的人和不正常的情况，并及时向保安部门报告。c.闭路电视监控。通过装置在楼层走道中的闭路电视监视系统对每个楼层走道进行监视及控制。

此外，各楼层还应注意走道的照明正常及地毯铺设平坦，以保证客人及工作人员行走的安全。

（2）客房安全控制与管理

客房是客人在酒店最常停留的主要场所及其财物的存放处，所以客房安全至关重要，客房安全控制与管理包括以下几个方面：

①客房门锁、钥匙安全控制与管理。为防止外来侵扰，客房门上的安全装置非常重要，其中包括能双锁的锁装置、安全链及广角的窥视警眼（无遮挡视角不低于160°）。除正门外，其他能进入客房的入口处都要上闩或上锁。这些入口有阳台门、与邻房相通的门等。

客房门锁是保护旅客人身及财产安全的一个关键。安全的门锁以及严格的钥匙控制是旅客安全的一个重要保障。现在多数酒店门锁均采用磁卡、IC卡电子门锁，其安全系数相对较高，但其输码与复制的控制程序对客户门锁安全仍然非常重要。酒店管理机构应设计出一个结合本酒店实际情况切实可行的客房钥匙编码、发放及控制的程序，以保证客房的安全，保证客人人身及财物的安全。一般来说，这个程序包括以下内容：

a.对于电子门锁系统，总服务台是电子门锁卡编码、改码和发放客房门锁卡的地方。当客人完成登记入住手续后，就发给该房间的门锁卡。客人在居住期内由自己保管门锁卡，一般情况下，门锁卡不宜标有房间号码，以免客人丢失门锁卡又不能及时通知酒店时，被不良行为者利用。b.客人丢失门锁卡时，可以到总服务台补领钥匙卡，补卡时应要求客人出示酒店卡表明自己的身份。在服务人员核对其身份后方能补发重新编码的门锁卡。对于长住客或服务员能确认的情况下，可以直接补予，以免引起客人的反感。c.工作人员，尤其是客房服务员所使用的万能钥匙卡不能随意丢放在工作车上，也不可随意将其插在正在打扫的客房门锁上或取电槽内。应要求他们将客房钥匙卡随身携带，客房服务员在楼面工作时，如遇自称忘记带钥匙卡的客人要求代为打开房门时，绝不能随意为其打开房门。d.须防止拥有客房钥匙卡的工作人员图谋不轨。采用普通门锁的楼层，客房通用钥匙通常由客房服务员掌管，每天上班时发给相应的房务员，完成工作后收回。客房部每日都记录下钥匙发放及使用情况，如领用人、发放人、发放及归还时间等，并由领用人签字。客房部还应要求服务员在工作记录表上，记录下进入与退出每个房间的具体时间。

②客房内设施设备安全控制与管理。

a.电气设备安全控制与管理。客房内的各种电气设备都应保证安全。客房电气设备安全控制包括客用电视机、小酒吧、各种灯具和开关插座的防爆、防漏电安全；电脑接口、调制解调器以及客用电脑设施设备的防病毒安全；火灾报警探头系统、蜂鸣器、自动灭火喷头以及空调水暖设施设备的安全等。b.卫生间及饮水安全控制与管理。卫生间的地面及浴缸都应有防止客人滑倒的措施。客房内口杯及水杯、冰桶等都应及时、切实消毒。如卫生间内的自来水未达到直接饮用标准，应在水龙头上标上"非饮用水"的标记。c.家具设施安全包括床、办公桌、办公椅、躺椅、行李台、茶几等家具的使用安全。应定期检查家具的牢固程度，尤其是床与椅子，使客人免遭伤害。d.其他方面的安全控制与管理。在客房桌上应展示专门有关安全问题的告示或须知，告诉客人如何安全使用客房内的设备与装置，专门用于保安的装置及作用，出现紧急情况时所用的联络电话号码及应采取的行动。告示或须知还应提醒客人注意不要无所顾忌地将房号告诉其他客人和任何陌生人；应注意不良分子假冒酒店职工进入楼层或客房。

楼层员工应遵循有关的程序协助保证客房的安全。客房清扫员在清扫客房时必须开着房门，并注意不能将客房钥匙随意丢在清洁车上。在清扫工作中，还应检查客房中的各种安全装置，如门锁、门链、警眼等。如有损坏，及时报告保安部。引领客人进房的行李员应向客人介绍安全装置的使用，并提请客人阅读在桌上展示的有关安全告示或须知。

（3）客人财物保管箱安全控制与管理

按照我国的有关法律规定，酒店必须设置旅客财物保管箱，并且建立一套登记、领取和交接制度。

酒店客人财物保管箱有两类：一类设在酒店总台内，由酒店总台统一控制。客人使用时，由总台服务员和客人各拿一把钥匙，取物时，应两把钥匙一起插入才能开启保险箱。另一类则为客房内个人使用的保险箱，客房内保险箱由客人自设密码，进行开启与关闭。应将保险箱的使用方法及客人须知明确地用书面形式告知客人，方便客人使用，须定期检查保险箱的密码系统，以保证客人使用安全。

2）员工的安全控制与管理

对酒店来说，它有法律上的义务及道义上的责任来保障在工作岗位上的员工的安全。因酒店忽视员工安全，未采取各种保护手段及预防措施而引起或产生的员工安全事故，酒店负有不可推卸的责任，甚至将受到法律的追究。另外，从员工的角度来看，员工如同客人一样，需要有人类共同渴望的安全感，希望得到保护，使自身及财物免遭伤害。因此，员工安全也应是酒店安全计划、控制与管理的组成部分。在员工安全管理中，应根据酒店的运作过程，结合各个工作岗位的工作特点，制订员工安全标准及各种保护手段和预防措施。

（1）劳动保护措施

①岗位工作的劳动保护与安全标准。酒店的各个工作岗位要根据岗位工作的特点制订安全操作标准。虽然酒店内服务工作基本上以手工操作为主，但不同岗位的安全操作标准却不尽相同。如酒店接待员需要防袭击和防骚扰，客房清洁服务员的腰腿关节保护和防清洁剂喷溅，餐厅服务员防烫伤、防玻璃器皿损伤等，都需要有相应的安全工作操作标准。随着各种工具、器械、设备应用的增多，酒店应制订安全使用及操作这些工具、器械、设备的各个岗位的安全工作标准和操作标准。

②岗位培训中的安全培训。在员工岗位技术培训中应包括安全工作、安全操作的培训与训练。酒店组织员工培训时，应将安全工作及操作列入培训内容，在学习及熟练掌握各工作岗位所需的技能、技巧的同时，培养员工"安全第一"的观念，养成良好的安全工作及安全操作习惯，使员工掌握必要的安全操作知识及技能。强调并提倡员工之间的互相配合，即工种与工种之间、上下程序之间，都应互相考虑对方的安全，如设备维修人员在维修电器或检查线路时，要告知正在一起工作的房务员，以免造成不便或引起事故。

（2）员工个人财物安全保护

酒店员工的个人财产安全保护包括员工宿舍中员工个人财产安全保护和员工更衣室个人衣物储藏箱安全保护两个方面。

①员工宿舍中员工个人财产安全保护。员工宿舍中员工个人财产安全保护包括防止员工内部偷盗及外来人员偷盗两个方面的内容。酒店为员工配备带锁的桌子或衣柜，以便员工存放贵重物品。应告诫员工不要在宿舍存放太多的现金；注意不要让金钱外露；银行卡的密码应妥善保管，不能轻易外泄；出入宿舍要记得随手关门等。有偷盗行为的员工应立即予以开除，严重的要交送当地公安机关。此外，应提醒员工注意宿舍楼内的陌生人，一旦发现可疑人物，应立即报告保安，让其出示身份证明。

②员工更衣室个人衣物储藏箱安全保护。原则上，酒店不允许员工带物品进入酒店及工作岗位，为确保员工的衣服及随身的日常小用品的安全，应为上班的员工提供个人衣物储藏箱，告诫员工不要携带较多的钱财及贵重物品上班。储藏箱一般设在更衣室内并上锁，钥匙由员工个人及酒店人事部共同控制（即酒店人事部存有酒店员工更衣室个

人储藏箱的所有钥匙）。更衣室平时由安保人员巡视，为防止员工将酒店物品存放于个人衣物储藏箱，酒店有权检查员工个人衣物储藏箱，但检查时必须有保安部、人事部派人参加，并要求在场人员至少两人以上方能开箱检查，以确保员工财产安全。

（3）员工免遭外来侵袭的控制

酒店为方便客人，一般设有多个结账台，这是犯罪分子可能抢劫的目标，收款员也可能成为受袭击的对象。所以，为保护收款员的安全，在收款处应装置报警器或闭路电视监视器。收款处应只保留最少限额的现金。收款员交解现金时，应由安保人员陪同，同时告诫收款员一旦遭到抢劫时的安全保护程序。

客房服务人员还可能碰上正在房内作案的窃贼而遭到袭击，或遇到行为不轨或蛮不讲理的客人侵扰。一旦发生这种情况，在场工作人员应及时上前协助受侵袭的服务员撤离现场，免遭进一步的攻击，并立即通知保安部人员及楼层管理人员迅速赶到现场，据情处理。

3）酒店财产的安全控制与管理

酒店内拥有大量的设施设备和各种高档物品，这些财产设备和物品为酒店正常运行、服务及客人享受提供了良好的物质基础。它们每天由员工或客人接触和使用，对这些财产及物品的任何偷盗及滥用都将影响酒店及客人的利益。因此，财产安全控制与管理是酒店安全控制与管理中的重要内容。为保证酒店的财产安全，酒店财产的安全控制与管理包括：

（1）员工偷盗行为的防范与控制

事实证明，员工在日常工作及服务过程中直接接触各类设备与有价物品，这些物品具有供个人家庭使用或再次出售的价值，很容易诱使员工产生偷盗行为。在防范和控制员工偷盗行为时，应考虑的一个基本问题是员工的素质与道德水准。这就要求在录用员工时严格把关，进店后进行经常性的教育并有严格的奖惩措施。奖惩措施应在员工守则中载明并照章严格实施。对有诚实表现的员工进行各种形式的鼓励及奖励；反之，对有不诚实行为及偷盗行为的职工视情节轻重进行处理。思想教育和奖惩手段是相辅相成的，只要切实执行，是十分有效的。

另外，还应通过各种措施，尽量限制及缩小员工进行偷盗的机会及可能。这些措施包括：员工上班都必须穿工作制服，戴铭牌，便于安全人员识别；在员工上下班进出口，由安全人员值班，检查及控制职工携带进出的物品；完善员工领用物品的手续，并严格照章办事；严格控制储存物资，定期检查及盘点物资数量；控制及限制存放在收银处的现金额度，交解现金须由保安人员陪同；严格财物制度，实行财务检查，谨防工作人员贪污。

（2）客人偷盗行为的防范与控制

由于酒店物品的高档性、稀有及无法购买性（有些物品在市场上无法购买到），因而酒店住店客人也容易产生偷盗行为。虽然客人的素质一般较高，但受喜爱物品之诱惑，也不乏偷窃倾向者。由于酒店所配备的客用物品如浴巾、浴衣、办公用品、日用品等一般都由专门厂家生产，档次、质量、式样都较好；客房内的装饰物和摆设物（如工艺品、字画、古玩等）也比较昂贵和稀有，这些物品具有较高的使用、观赏价值和纪念意义，容易成为住店客人盗取的对象和目标。为防止这些物品被盗而流失，可采取的防范与控制措施有：将这些有可能成为客人偷盗目标的物品，印上或打上酒店的标志或特殊的标记，这能使客人打消偷盗的念头；有些使客人引起兴趣，想留作纪念的物品，可供出售，这可在"旅客须知"中说明；客房服务员日常打扫房间时，应对房内的物品加以检查；在客人离开房间后对房间的设备及物品进行检查。若发现有物品被偷盗或设备被损坏，应立即报告。

（3）外来人员偷盗行为的防范与控制

外来人员偷盗行为的防范与控制包括3方面内容：

①不法分子和外来窃贼的防范与控制。要加强入口控制、楼层走道控制及其他公共场所的控制，防止外来不法分子窜入作案。②外来公务人员的防范与控制。酒店由于业务往来需要，总有一些外来公务人员进出酒店，这些人员包括外来公事人员、送货人员、修理人员、业务洽谈人员等。应规定外来人员只能使用职工入口处，并须经安全值班人员弄清情况后才能放行进入。这些人员在完成任务后，也必须经职工出口处离店。保安人员应注意他们携带出店的物品。楼层内的设备、用具、物品等需带出店外修理的，必须具有酒店经理的签名，经安全值班人员登记后才能放行。③访客的防范与控制。酒店客人因业务需要经常接待各类访客，而访客中也常混杂着不法分子，他们在进入客人房间后，趁客人不备往往会顺手牵羊，带走客人的贵重物品或客房内的高档装饰物及摆设物；他们也可能未经客人的同意，私自使用客房内的付费服务项目，如打长途电话等。此外，楼层应尽量避免将有价值的物品（如楼层电话等）放置在公共场所的显眼位置，并应对安放在公共场所的各种设施设备和物品进行登记和有效管理。

3.2.2　防火安全计划与消防管理

火灾始终是威胁酒店的一个重大隐患。因此，制订科学合理的防火安全计划和进行有效的消防管理是酒店安全管理的重要内容。

1）酒店火灾原因分析

（1）客人吸烟

很多酒店火灾是客人吸烟不注意所致，主要有两种情况：一是卧床吸烟，特别是酒后卧床吸烟，睡着后引燃被褥酿成火灾。例如，2010年10月26日，温州市某饭店发生火灾，导致100多名客人被困险境。据调查火灾原因是肇事者乱扔烟头，引燃周边可燃物所致。又如2012年11月13日，济南槐荫区某宾馆三楼一间客房发生火灾，造成一人死亡，系客人吸烟所致。

（2）电器设备故障

酒店诸多功能集中在同一建筑内，各种电器设备种类繁多，这些设备用电负荷大，再加上有的电器电线安装不符合要求，因而成为引起酒店火灾的主要原因。据调查，在福建省福州、泉州、厦门3个地区主要酒店中，因电器设备故障而引起的酒店火灾约占酒店火灾总数的54%。其主要原因是线路安装不符合规范、线头裸露、电线老化、动物啮咬电线、电器设备安装不合理、电器本身有故障等。例如，2019年2月12日凌晨，印度首都新德里市中心的阿皮特宫酒店因电线短路引起火灾，造成至少17人死亡，其中包括一名儿童，另有4人受伤。

（3）大量易燃材料的使用

酒店除了拥有各种木器家具、棉织品、地毯、窗帘等易燃材料外，还有大量的装饰材料，一旦发生火灾这些易燃材料会加速火势的蔓延。例如，2018年4月18日，潮州某酒店发生火灾，调查显示该酒店大量使用可燃材料进行装修，耐火性极低。因此，有条件的酒店最好使用阻燃的地毯、床罩和窗帘等。

（4）火情发现不及时

酒店绝大多数的火灾发生在夜间，因为此时客人已休息，酒店工作人员少，火灾苗头往往不易被发现，人们一旦发现火情时，火灾已具有一定的规模，给扑救工作造成很大困难。例如，2013年4月14日6时左右，湖北襄阳某花园酒店发生火灾，造成14人遇难，47人受伤。由于前一天是周日，起火时间又是清晨，因此大火发生时，酒店大部分客人还在睡梦中。

（5）消防设施、设备配备不足

很多酒店火灾的发生与蔓延，是没有配备足够的消防器材所致。按照消防法规的规定，一类建筑通道每15 m必须安放手提式灭火器一部，二类建筑通道每20 m必须安放手提式灭火器一部。不少酒店都没有达到这一要求。例如，2005年6月10日，广东汕头某宾馆发生火灾，造成31人死亡，15人受伤。由于报警太迟，宾馆附近消火栓无水或水压过低，使救援能力不足，最终酿成震惊全国的特大恶性火灾事故。

（6）未及时通知消防部门

由于酒店的特殊性，很多酒店的消防工作程序写明，发生火灾时，首先向酒店消防中心报警，由酒店义务消防队扑灭初起火灾。只有当酒店火势发展到一定程度、酒店义务消防队难以扑灭时，才由酒店消防委员会作出决定，通知当地消防队。如果酒店消防委员会判断有误，没有及时通知当地消防部门，失去最佳的灭火时间，很可能使大火迅速蔓延，等消防部门得知火灾情况时，则为时已晚。还有的酒店发生火灾时，电话线路中断，无法及时通知消防部门。

（7）违反了消防法规、消防管理不善

近年来，我国颁布了一系列的消防法规，如《中华人民共和国消防法》《中华人民共和国消防条例实施细则》《高层建筑消防管理规则》《高层民用建筑设计防火规范》及各省市出台的消防条例等。很多酒店发生火灾，究其原因，都在不同程度上违反了国家的有关消防法规。例如，2015 年 12 月 8 日，哈尔滨某商务宾馆发生火灾，共造成 4 人死亡，14 人受伤，据悉该宾馆在之前进行消防监督检查时，未经消防验收擅自投入使用，因此，被强制查封，此后该宾馆又在未改正消防安全违法行为、不具备消防安全条件的情况下，擅自恢复营业，带险经营，直至发生火灾。

2）酒店火灾人员伤亡原因分析

（1）发生火灾时未及时通知客人

目前国内有相当一部分酒店没有安装通知客人疏散的广播系统，或者安装不合理，不能唤醒熟睡的客人，致使火灾发生时造成大量人员伤亡。

（2）没有防火救灾的预案

有些酒店平时不重视防火，没有一套发生火灾时的应急预案，因而在发生火灾时，往往不知如何救助客人。例如，2011 年 1 月 13 日凌晨 1 时左右，湖南长沙某宾馆发生火灾，造成 10 人死亡、4 人受伤，过火面积达 150 m²，直接财产损失 60.4 万元。究其原因，是该宾馆没有重视消防工作，没有防火救灾预案，服务员消防安全意识淡薄，发生火灾后不知所措，没有及时组织灭火和疏散客人，造成大乱，酿成此悲剧。

（3）使用大量有毒的装饰材料

大量装饰材料的使用不但容易燃烧，而且燃烧时会产生大量有毒的烟雾。据统计，火灾中因烟雾中毒或窒息而死亡的人数约占整个死亡人数的 72%。例如，2013 年 6 月 3 日清晨，吉林宝源丰禽业公司发生火灾，火势从起火部位迅速蔓延，聚氨酯、聚苯乙烯泡沫塑料等材料大面积燃烧，产生高温有毒烟气，同时伴有泄漏的氨气等毒害物质，造成 121 人死亡，76 人受伤。

（4）火灾发生时人们的异常心理与行为

当火灾发生时，人们的行为受求生避难心理的影响，导致做出许多错误的行为，造成不必要的伤亡。这些行为有：

①向熟悉的出口逃生。绝大多数住店客人对酒店的内部结构不熟悉。当火灾发生时，

客人一般习惯于从原出入口逃生，很少寻找其他出入口或疏散通道逃生。例如，2018 年 11 月 24 日晚，内蒙古呼和浩特某住宅小区楼道发生火灾，家中住户无大碍，而被困在电梯中的 3 人却因浓烟窒息不幸遇难。在 2017 年南昌海航某酒店特大火灾中，仍有不少客人乘坐电梯逃生，反映出客人的消防安全意识淡薄。②盲目跟着他人逃生。在遇到火灾等危险情况时，人们因对群体行动怀有信任感而随大流、盲目跟随人流奔跑，结果因倾轧而造成伤亡。③判断错误。人天生对烟火有一种恐惧心理。发生火灾时，即使处于安全场所，也往往会作出错误的判断。例如，2021 年 2 月 1 日，湖南衡阳某宾馆突发火灾，此次事故共 2 人受伤，其中 1 人爬至楼顶试图自救，从顶层跳至 5 楼平台，不慎摔伤。④失去理智。在紧急情况、心理紧张时，人往往会失去控制做出异常行为。在很多火灾中，有不少人做出超乎寻常的行为，如从高楼跳下造成死亡。例如，2019 年 4 月 10 日，曼谷尚泰澜商务中心大酒店发生火灾，造成 3 人死亡，15 人受伤，其中，有两人是为了逃生冒险从 7 楼跳下摔死的。

3）防火安全计划与消防管理

（1）消防安全告示

消防安全告示可以从客人一入店时进行。从法律上来说，客人从登记入住时，就是酒店的客人了，酒店对每位客人的安全都负有法律上的责任。所以从客人一入店就应当告诉客人防火安全知识和火灾逃生的办法。有的酒店或楼层在客人登记时发一张酒店卡，在酒店卡上除注明酒店的服务设施和项目外，还应注明防火注意事项，印出酒店的简图，并标明发生火警时的紧急出口。

客房是客人休息暂住的地方，客人在酒店期间待得最长的是在客房，应当利用客房告诉客人有关的消防问题。如在房门背后应安置楼层的火灾紧急疏散示意图，在图上把本房间的位置及最近的疏散路线用醒目的颜色标在上面，以使客人在紧急情况下安全撤离；在房间的写字台上应放置"安全告示"或放一本安全告示小册子，比较详细地介绍酒店及楼层的消防情况，以及在发生火灾时该怎样处理。国外有的酒店还专门开辟了一个闭路电视频道，播放酒店及楼层的服务项目、安全知识、防火及疏散知识。

（2）防火安全计划与制度

防火安全计划是指酒店各岗位防火工作的工作程序、岗位职责、注意事项、规章制度以及防火检查等项工作的总称。我国消防条例规定：消防工作实行"预防为主，防消结合"的方针，把重点放在防火上。

在制订防火安全计划时，要把酒店内每个岗位容易发生火灾的因素找出来，然后逐一制订出防止火灾的措施与制度，并建立起防火安全检查制度。酒店的消防工作涉及每个岗位的每一位员工。只有把消防工作落实到每一岗位，并使每位员工都明确自己对消防工作的职责，安全工作方能有保证。必须使每位员工做到：

①严格遵守酒店规定的消防制度和操作规程。

②发现任何消防问题及时向有关部门汇报。

③维护各种消防器材，不得随意挪动和损坏。

④发现火患及时报警并奋力扑救。

4）火灾紧急计划与控制、管理

火灾紧急计划与控制、管理是指在酒店一旦发生火灾的情况下，酒店所有人员采取行动的计划与控制、管理方案。火灾计划要根据酒店的布局及人员状况用文字的形式制订出来，并需要经常进行训练。

酒店内一旦发生火灾，正确的做法是立刻报警。有关人员在接到火灾报警后，应立即抵达现场，组织扑救，并视火情通知公安消防队。是否通知消防队，应由酒店主管消防的领导来决定。一些较小的火情，酒店及楼层员工能在短时间内组织人员扑灭。如果火情较大，就一定要通知消防部门。酒店应把报警分为二级。一级报警是在酒店发生火警时，只是向酒店的消防中心报警，其他场所听不到铃声。二级报警是在消防中心确认楼层已发生火灾的情况下，才向全酒店报警。

酒店应按照楼层及酒店的布局和规模设计出一套方案，使每个部门和员工都知道一旦发生火灾时应怎样做。

当酒店发生火灾或发出火灾警报时，要求所有员工坚守岗位，保持冷静，切不可惊慌失措，到处乱窜，应按照平时规定的程序作出相应的反应。所有人员无紧急情况不可使用电话，以保证电话线路的畅通，便于酒店管理层下达命令。各部门及岗位该采取的行动如下：

（1）酒店消防委员会

酒店消防委员会在平时担负着防火的各项管理工作，一旦酒店发生火灾，消防委员会应肩负着火灾领导小组的职责。

在酒店发生火灾或发出火灾警报时，消防委员会负责人应立即赶到临时火灾指挥点。临时火灾指挥点要求设在便于指挥、便于疏散、便于联络的地点。

领导小组到达指挥点后，要迅速弄清火灾的发生点、火势的大小，并组织人员进行扑救，与此同时，领导小组还应视火情迅速作出决定是否通知消防队，是否通知客人疏散，了解是否有人受伤或未救出火场，并组织抢救。

（2）酒店消防队

根据消防法规，酒店应建立义务消防队。酒店消防队是一支不脱产的义务消防队。他们担负着防火的任务，经常组织训练，随时准备参加灭火战斗。酒店消防队一般由消防中心人员、保安部人员和各部门人员组成。

当酒店消防队员听到火灾警报声时,应立即穿好消防服,携带平时配备的器具(集中存放在酒店某地)赶赴现场。

(3)保安部

听到火灾警报后,保安部经理应立即携带对讲机等必需物品赶赴现场指挥点。

保安部的内勤应坚守岗位,不要离开电话机。酒店大门的警卫在听到火灾铃声后,应立即清理酒店周围的场地,为消防车的到来做好准备。阻止一切无关人员的进入,特别要注意防范有图谋不轨者趁火打劫。

巡逻人员在火灾发生时要注意安排专人保护酒店的现金和一些其他贵重物品。要护送出纳员和会计将现金转移到安全的地方。各岗位的安全人员在发生火灾时,都必须严守岗位,随时提防不法分子浑水摸鱼。

(4)前厅部人员

前厅部人员要把所有的电梯落下,告诫客人不要乘坐电梯、不要返回房间取物品,并打开大厅所有通向外面的出口,迅速组织人员疏散,协助维持好大厅的秩序。

(5)工程部

工程部在接到酒店的火灾报告时,工程部负责人应立即赶往火灾现场察看火情。应视火情决定是否全部或部分关闭酒店内的空调通风设备、煤气阀门、各种电器设备、锅炉、制冷机等设备,防止事态进一步发展。负责消防水泵等设备的人员迅速进入工作场地,并使这些设备处于工作状态。楼层内的危险物品应立即运到安全地带,以防连锁反应。其他人员应坚守岗位,不得擅离职守。

(6)医务人员

当酒店发生火灾时,医务人员要迅速准备好急救药品和抢救器材,组织抢救受伤人员。如果酒店没有医务室或医务人员较少,那么可由办公室、人事部等部门人员担任抢救工作。

(7)楼层服务员

当楼层服务员听到火警铃声时,应立即检查所有的安全门和通道是否畅通,并组织疏散客人。

5)火灾疏散计划与管理

火灾疏散计划与管理是指酒店发生火灾后人员和财产紧急撤离出火灾现场到达安全地带的行动计划和措施。在制订该计划和措施时,要考虑楼层布局、酒店周围场地等情况,以尽快把楼层内的人员和重要财产及文件资料撤离到安全的地方。这是一项极其重要的工作,组织不当会造成更大的人员伤亡和财产损失。

通知疏散的命令一般是通过连续不断的警铃声发出或是通过广播下达。

在进行紧急疏散时，客房服务员要注意通知房间的每一位客人。只有确定本楼层的客人已全部疏散出去，服务员才能撤离。

在疏散时，要通知客人走最近的安全通道，千万不能使用电梯。可以把事先准备好的"请勿乘电梯"的牌子放在电梯前。有的酒店在电梯的上方用醒目字体写着"火灾时请不要使用电梯"。根据国际上大量的酒店火灾死亡事件的调查分析，有相当一部分人员是死在电梯内或电梯间的。

当所有人员撤离楼层或酒店后，应立即到事先指定的安全地带集中，查点人数。如有下落不明的人或者还未撤离的人员，应立即通知消防队。

6）灭火战斗计划与管理

灭火战斗计划与管理的内容包括：

①酒店总平面图。要注明楼层布局、给水管网上消防栓的位置、给水管尺寸、电梯间、防烟楼梯间的位置等。

②酒店内部消防设备布置图。如自动灭火设备安装地点、室内消防栓布置图、进水管路线、阀门位置等。

③根据酒店的具体情况绘制的灭火行动平面图。要解决抢救人员、物资及清理火场通路的问题。灭火战斗计划应同时考虑利用楼梯作为灭火进攻和抢救疏散人员、物资及清理火场的通路；如果楼梯烧毁或被火场残物堵塞，有其他备用的行动方案等。

3.2.3 其他常见安全问题的防范计划与管理措施

1）客人的心理及信息安全控制与管理

酒店员工不应将客人情况向外人泄漏，如有不明身份的人来电询问某位客人的房号时，电话员可将电话接至该客人的房间，绝不可将房号告诉对方。服务台人员在处理访客时，也应遵循为住店客人保密的原则，绝不能主动将客人的情况告诉不明身份的访客。

房务员在打扫房间时，对客人用品不应随意翻看或移动，更不可将内容泄露给他人。

另外，客人经常需要在客房内上网、处理文件等。因此，酒店设备维修人员应及时升级各防毒与杀毒软件，保障酒店内部计算机的正常运作及客人工作的需要。

2）逃账和酒店经济安全控制与管理

酒店还可能遭受客人的"无形盗窃"而蒙受损失。所谓"无形盗窃"是指客人的逃账以及冒用信用卡、支票等欺骗行为使酒店遭受各种经济损失。为防止逃账现象的发生、维护酒店利益安全，酒店应采取一些有效的预防措施，例如：

①在客人登记入住时，检查外国客人的护照，核实护照的有效性及持护照人的身份。如果两人住一房，应要求两人都登记并出示护照。

②验证客人提交的信用卡。即在客人登记入住时，将其信用卡打印下来，在其逗留期间进一步验证。

③收银员应了解各国货币及各种旅行支票，并借助于货币检验机来辨别伪币及伪支票。

④对既无预订，又无行李的客人，要求先付房费。如客人提出使用信用卡付款，须经当场验证后方能同意。

⑤各营业点收银员应将赊款账单迅速转至总服务台，以防止漏账，尤其防止使用上述部门的服务后即结账离店的客人的故意逃账行为。

一旦发生客人逃账事件，总台的工作人员应立即查阅逃账者的相关资料，尽可能地找出可用来追查其行踪的信息。酒店应有一份专列逃账者的"黑名单"以待逃账者再度窜入本酒店时，对其进行清算及追究责任，并把名单通报给其他酒店或相关机构。酒店之间如能相互配合、互通逃账者的名单与特征，将有助于追查逃账及预防逃账事件的发生。新加坡酒店协会专门设计了一个成员酒店共同追查逃账者的标准程序：当某一成员酒店发现逃账事件后，即用电话向附近警局报告，要求配合寻找逃账者的行踪，后用电传将该逃账者的情况通报其他成员酒店。其他酒店收到电传后，总台经理、值班经理或任何其他被指定的人都要检查住客情况表来验证逃账者是否在本酒店中。逃账者被追踪到后，立即通知发生逃账的酒店，以便对逃账者采取措施。即使逃账者不在酒店内，也将通报情况保留在记录中，以便以后继续查找追寻。这种合作追踪及预防逃账者的做法值得我国酒店业借鉴。各省市酒店协会可根据实际情况每月或每季度对会员酒店的逃账黑名单进行汇总并通报所属会员酒店，共同协助追寻及提高警惕。

3.3　紧急情况的应对与管理

紧急情况是指发生在酒店中的一些突发的、重大的不安全事件或事故。从安全角度来看，酒店中容易产生的紧急情况一般有停电事故，客人违法事件，客人伤、病、亡事故，涉外案件以及楼层防爆等。这部分内容将在第7章和第8章中详细阐述。

3.4 酒店从业人员的安全管理

酒店从业人员的安全意识培育与安全管理，从内涵来讲包括推动和拉引两个方面，如果说促使从业人员树立安全意识是建立拉引动力，那么对酒店从业人员进行安全管理则是建立推动动力。它主要从以下几个方面进行。

3.4.1 酒店安全认知

任何安全问题的发生都会影响酒店形象，减弱顾客忠诚，损害酒店的持续经营。然而，由于显性和隐性的安全隐患来源渠道广泛，这使得酒店安全控制与管理变得更为复杂和困难。如何对酒店企业的安全问题进行防范？酒店安全认知是酒店安全管理的最重要环节。

1）酒店企业安全系统与分析

安全是酒店客人的基本生理和心理需求之一，酒店企业安全管理的目标是保障客人的安全、保障员工的安全和保障酒店的安全。保障企业系统的安全是一个系统工程，健全的酒店安全系统是做好酒店安全管理工作的重要保障。所谓酒店安全系统主要是指酒店管理中硬件系统方面的设施和设备，软件系统方面的安全组织、安全网络、安全管理计划、制度、安全管理措施和对紧急事件、突发事件的控制与管理。具体来说，酒店安全系统包括客房安全系统、餐饮安全系统、娱乐安全系统、会议安全系统、保安安全系统以及其他安全系统。

①客房安全系统。住宿是旅游活动中的一个重要环节，也是旅游活动中不可或缺的部分。在整个旅游活动中，消费者基本上都处在一种陌生的环境中，只有在客房里才拥有自己相对独立和安全的场所，它是整个旅游活动中最放心和值得信赖的"庇护所"，然而事实并非如此，客房实际上是旅游活动中发生旅游安全问题的高发环节之一。

②餐饮安全系统。酒店是集食、住、购、娱为一体的综合性场所，餐饮在酒店中有极为重要的作用，是消费者完成消费过程的必要基础。酒店中的餐饮直接影响消费者的健康状况，进而影响酒店消费活动能否顺利完成。因此，如何保障消费者的餐饮安全对于消费者、酒店企业乃至整个酒店行业均有特殊意义。餐饮安全管理由此成为酒店安全管理的重要一环，而餐饮安全系统则成为酒店安全系统的重要组成部分，餐饮安全系统

不仅要保证客人用餐卫生和餐饮设施的安全，而且要警惕诈骗事件和防止斗殴现象的发生。

③娱乐安全系统。由于酒店娱乐场所的复杂性、娱乐活动的特殊性以及各种人为或意外因素的存在，酒店娱乐安全问题时有发生。娱乐安全是指消费者在酒店住宿期间进行娱乐活动时的安全。娱乐安全事故是指消费者在娱乐时遭受火灾，打架斗殴，偷盗，黄、赌、毒，游乐设施问题等事故的伤害性行为或事故。

④会议安全系统。酒店一般都设有会议室或会议厅，因为很多消费者喜欢选择酒店作为商务沟通、交流和商务谈判的平台。由于会议场所的特殊性以及会议的保密性，如会场的空间范围大、会场的人员比较集中、事务繁多且复杂等，使得会议安全问题和安全事故的预防和解决越来越重要。

⑤保安安全系统。保安部是酒店不可或缺的一个部门，它对于保证整个酒店安全运作有着至关重要的作用。保安安全系统不仅要确保来店客人、本店员工的人身和财产安全，在酒店所控制的范围内不受侵害，酒店内部的生活秩序、工作秩序、公共场所秩序等保持良好的状态，而且要把酒店各方面的安全因素作为一个整体，而不是单指酒店的某一个方面的安全。

⑥其他安全系统。酒店涉及的范围和人员非常广泛，安全管理工作与安全系统显得格外复杂和困难，除了客房安全系统、餐饮安全系统、娱乐安全系统、会议安全系统、保安安全系统这5个主要的酒店安全系统外，还包括其他安全系统，如酒店软件运行安全系统（包括财务安全、电子商务安全、酒店预订系统安全、酒店管理系统安全等）以及职业安全与保健系统（如员工安全报警系统、职业保健与环境控制系统、员工人身安全保护系统等）等。

2）酒店企业安全认知

酒店企业安全认知涉及企业的方方面面，具体指对酒店6个安全子系统（客房安全系统、餐饮安全系统、娱乐安全系统、会议安全系统、保安安全系统和其他安全系统）的认知：

①客房安全系统的认知。客房安全系统的认知不仅表现在对客房的电子门锁、防漏电安全设施、火灾报警探头系统、蜂鸣器、自动灭火喷头、私人保险箱、高科技的安全报警系统等硬件设施操作的可控性上，还表现在对客房安全系统运行的科学管理上。

②餐饮安全系统的认知。餐饮安全系统的认知不仅表现在对高科技的自动监控装置、食品卫生管理技术、餐饮场所消防安全管理技术、防盗安全管理技术等的掌握上，还表现在服务质量的管理技术方面。

③娱乐安全系统的认知。预防和解决各种娱乐安全事故的具体措施是建立必要的科

学娱乐安全系统。娱乐安全系统的认知表现为对消防安全管理技术和设施、防盗安全管理技术、自动监控装置、报警技术装置、娱乐设施监测技术、娱乐设施安全操作技术、健康娱乐活动教育的先进设施、医疗急救设施设备等的掌握情况。

④会议安全系统的认知。会议安全系统的认知不仅表现在对会场电力、音响、闭路电视系统和通信装置的安全操作技术，防火、防抢、防爆与防盗设施、技术与系统，计算机的安全操作技术以及科学的会议信息系统等的熟练掌握情况，也表现在保密管理技术运作的有效性上。

⑤保安安全系统的认知。保安安全系统要保证酒店内各个部门的安全操作和运行，主要体现在对酒店内外部的监控设施设备和监控中心、电视监控系统，防火、防抢、防爆与防盗设施、技术与系统，通信联络器材和技术、常见安全事故的监测系统等的操作熟练程度。

⑥其他安全系统的认知。其他安全系统主要指通过运行各种信息技术、自然灾害预测技术、数字技术、系统处理技术、3S 技术等，使酒店软件运行安全系统（包括财务安全、电子商务安全、酒店预订系统安全、酒店管理系统安全等）以及职业安全与保健系统（如员工安全报警系统、职业保健与环境控制系统、员工人身安全保护系统等）等系统安全得到保障。

3.4.2 建立酒店从业人员安全操作程序规范、安全协调、安全控制、安全事故处理体系

1）操作程序安全规范管理

规范从业人员的安全操作程序和标准是酒店安全管理的基本方法之一。许多事故是从业人员或者管理者认为安全操作程序烦琐、浪费时间，而自以为是或者麻痹大意所造成的。因此，首先要求从业人员认识严格遵照操作程序的重要性。向员工解释每一条操作程序规范的安全意义，以事例向员工说明这样做而不是那样做的原因，促使员工从心里接受安全操作规范；同时应广泛听取从业人员的建议，对操作规范中不合理的内容视实际情况予以调整，使操作规范适应环境的变化，使员工愿意接受企业的安全操作程序和规范。其次在实际工作中，应采用强制性手段，要求员工严格按照操作程序进行，对故意违反操作规范的员工按照制度严惩。

2）安全协调规范管理

酒店活动涉及面广，人员复杂，环境多变。酒店活动涉及多个部门、多种岗位和众多服务人员。安全问题常隐含众多部门、多岗位、多服务人员的服务过程的衔接与协调。因此，酒店必须加强衔接过程的协调管理。首先要制订严谨的衔接规范，从制度上保证

协调的通畅。在实际工作中，酒店服务环境总在不断地变化，协调规范再完善也难免出现脱节，以致产生一些安全隐患。因此，还要加强从业人员安全责任心管理，将安全责任作为一种职业道德来要求。要求从业人员对个别环节的疑点问题，不管是谁的责任，也要越过岗位过问和追究，共同把隐患消灭在萌芽状态。

3）安全控制管理

安全控制管理是安全管理的重要环节，一般采用目标控制、关键点控制和现场控制相结合的方法。

目标控制主要根据酒店的安全管理要求，每个部门以及每个岗位、每个员工，分阶段设立安全管理目标，制订安全管理标准，定期检查和考评，以求不断地提高酒店的安全管理水平。

关键点控制是指对安全隐患多的关键部门、关键岗位、关键节点（如重点安全岗位人员的配置、安全培训考核、重要接待任务布置等），实行重点要求、重点控制。

现场控制是指管理人员及酒店的从业人员在日常工作的现场中，要树立良好的安全责任心，及时发现安全隐患，及时处理安全隐患，以减少现场安全事故的发生。

4）安全事故处理规范管理

重视安全事故的处理工作，具有提高酒店安全事故的处理能力，强化酒店的安全管理制度，预防同类安全事故发生的作用。安全事故处理规范管理有如下内容：①培育酒店从业人员"客人安全至上"的意识。从业人员的服务工作要事事为客人的安全着想。在处理安全事件时，要将客人的安全放在第一位，尽量减少客人的痛苦，降低客人的损失。②提倡"应急能力第一"的原则。提高酒店从业人员"应急能力"，特别是对在安全事故发生率高的岗位上工作的员工，要求他们具有较强的心理素质，能熟练地处理一些常见的安全事故，对安全隐患保持较高的警惕。③执行"安全责任追究"的原则。通过建立严格的安全责任追究制度，培育员工安全责任追究意识，提高从业人员的安全责任。④坚持"安全事故总结"的原则。发生了安全事故，不仅要找出原因，追究有关人员的责任，还要总结和评价事故的处理方式，把一件事故作为一次真实的演习，对事中人、事外人的表现都要进行评价，表现好的人员予以奖励，好的处理经验予以学习推广。

3.4.3　构建酒店从业人员对客人安全引导教育体系

许多安全事故与客人的不安全行为有直接的关系，酒店的安全管理应包括对客人的不安全行为进行适当的引导。培育员工预见和发现客人不安全行为的能力以及引导客人正确的消费技能也是酒店从业人员安全意识培育的重要内容。

1）要求酒店从业人员对客人行为进行安全引导与教育

"客人总是对的"这句服务行业至理名言本身是不容怀疑的。但认为任何时候，对任何客人，必须满足他的一切要求，而不能说"不"，则是一种片面的理解。在酒店活动中，客人不仅对酒店产品信息了解少，而且对自己的行为所产生的后果也不完全清楚，对安全的警惕不高，容易放松对自己的要求，有时可能作出威胁到自己甚至是其他客人安全的行为。因此，酒店从业人员要从客人的利益出发，对客人的不安全行为进行引导与教育。恰当的指导和暗示不仅有助于客人充分享受服务产品，而且能够得到客人的理解和认同。培育从业人员对客人安全引导、教育的方法主要有：

①提倡员工用暗示和间接的方式，倡导客人文明消费、安全消费。例如，在不安全的地方，使用警示牌；在客人可能作出不安全的行为前，举出实例，引导他们不要重犯。

②经常组织从业人员学习和讨论客人的消费行为规律，提高从业人员发现安全隐患、应对客人不安全消费行为的能力。

③提高从业人员服务语言技巧。要求从业人员学会利用语言技巧，在客人能接受的情况下，教育与引导客人提高安全防范意识，或直接委婉地阻止客人的不安全行为。

2）鼓励酒店从业人员满足客人的心理安全需求

客人对安全的需求常表现为旅游心理安全需求，例如，入住前，担心酒店不可靠、报价太高，受到欺骗；住宿时担心客房卫生、餐饮卫生……客人的这种心理安全需求几乎伴随着其整个消费活动过程。能否满足消费者这种心理安全需求直接影响客人的精神享受。因此，要鼓励和提倡酒店从业人员在工作中应尽量满足客人的心理安全需求。要做到这一点，必须：①提高酒店从业人员通过客人细微的表情、动作来了解客人安全心理需求的能力，要求员工能及时发现客人对安全的疑问，有针对性地消除客人的疑问。②加强对酒店从业人员的工作作风和工作态度的管理，提倡严谨、稳重、细致入微的工作作风和热情、好客的服务态度，使客人通过从业人员的作风和态度，感到安心、放心。③提高从业人员与客人沟通的能力。要求酒店从业人员善于与旅游者沟通，有针对性地消除客人的不安全心理。④提倡从业人员使用有形物品间接地向客人展示企业的安全状况和安全保障能力。例如，向客人展示服务指南之类的说明手册，间接地告诉客人企业员工安全培训管理、安全记录、企业对安全的重视程度等情况，以提高客人对本酒店安全管理的信心。

【教学实践】

利用所学知识结合具体酒店，设计酒店安全控制与管理的具体计划、制度和措施。

【本章自测】

1.简述酒店安全控制与管理的任务。

2.简述酒店安全网络。

3.简述酒店从业人员的安全意识培育的内容与方法。

第 **4** 章

饮食安全控制与管理

【学习目标】

本章要求学生熟悉酒店饮食安全的表现形态，深入了解酒店饮食的安全控制与管理，初步掌握 HACCP 质量管制法。

【知识目标】

认识造成饮食安全事故的原因，掌握饮食安全的预防和控制方法。

【能力目标】

在实践中运用饮食安全的控制与管理方法。

【关键概念】

饮食安全　食品卫生　HACCP 质量管制法

案例导入

饮食是人类生存与发展的基础，尽管世界上有不同的风俗、民情，但对维持人类身体健康的饮食需求基本上是一致的。酒店的饮食主要是通过各类餐厅、酒吧等设施向客人提供服务，客人在酒店不仅能品尝到各种佳肴、美酒，领略到各地的饮食文化，而且还能得到身体上的营养补充以及艺术上的享受，从而加深对酒店的印象和满意度。文化和旅游部统计，截至 2019 年年底，全国星级酒店管理系统中共有星级饭店上万家，餐饮收入占营业收入的 38.19%，餐饮酒店的经营起着举足轻重的作用。因此，如何保障酒店的饮食安全对于旅游者、酒店乃至整个旅游行业均有特殊意义。饮食安全管理由此也成了酒店安全控制与管理的重要一环。

4.1　酒店饮食安全

4.1.1　酒店中的饮食场所与饮食安全

酒店饮食安全问题一般都发生在酒店的饮食场所。饮食安全管理也就是对这些场所的管理、监督和控制。酒店中的饮食场所包括：

1）中餐厅

酒店中一般都会设置一个或几个中餐厅，提供川、粤、苏、鲁、浙、徽、湘、闽等各大菜系。中餐厅的饮食具有用料广泛、烹制方法各异、成品丰富多样的特点，但是中餐的制作极少有标准化，产品质量不易控制，因此，中餐厅的饮食安全控制与管理相对来说难度较大。

2）西餐厅

高档酒店一般都设有西餐厅，西餐厅设施豪华、格调高雅、情调浪漫。西餐厅的饮食相对于中餐来说，制作较为简单，用料比较有限，选料比较明确，而且西餐中有不少菜肴是在客人面前烹制、燃焰或切割的，因此，西餐厅的饮食安全控制比较有章可循，操作性较为明确。

3）宴会厅

宴会厅主要提供宴会服务，宴会厅承办的宴会主要有午宴、晚宴、冷餐会、酒会、茶话会等。宴会厅的饮食一般都是成批量生产，由于质量要求高、数量多、影响大，因此，在情况允许的条件下，酒店会邀请相关卫生部门来共同做好饮食的安全控制与管理。

4）酒吧

酒吧是专门为客人提供酒水和饮用服务的休闲场所，是为酒店创造高利润的服务部门。酒吧一般分为主酒吧、酒廊、服务酒吧、宴会酒吧、音乐酒吧等。酒吧的饮食一般都是成品或者半成品，饮食安全的控制与管理可以多增加预防措施。

4.1.2 发生饮食安全问题的原因

发生饮食安全问题的原因大致有以下几种：

①餐饮企业操作不当和违规经营，包括食品生产、运输与储存等方面，造成饮食卫生问题。

②餐饮企业不遵守职业道德，贪图个人私利，欺诈旅游者。

③旅游者出于各种原因，没有注意个人饮食卫生，"病从口入"。

④旅游者放松警惕，导致饮食过程中物品丢失。

⑤旅游者水土不服，导致身体发生疾病。

⑥旅游者因旅途劳累，缺乏必要的营养而发生疾病。

⑦饮食习惯差异导致旅游者与旅游者、旅游者与餐饮经营者或当地人之间的冲突。

⑧其他意外原因，如因餐厅地滑摔伤、餐器爆炸、烫伤等。

4.2 酒店饮食安全的表现形态

酒店饮食中的安全问题主要表现为食物中毒、疾病、旅途营养不良引发的疲劳症、盗窃、欺诈、火灾及其他意外事故 7 种类型。

4.2.1 食物中毒

食物中毒是饮食卫生引发的较为严重的饮食安全问题。其主要原因是酒店提供的食品和饮品过期、变质或不洁净等导致的较为恶性的事故。食物中毒对旅游者的伤害较大，严重者将会危及旅游者的生命安全。例如，1999 年 6 月 13 日，厦门某酒店就发生过 28 人食物中毒的集体食物中毒事件。[1]

4.2.2 疾病

酒店饮食中引发疾病的原因有：

①酒店违章或误操作提供变质饮品、食品而引发的疾病。食物中毒就是一种常见的安全问题。

②旅游者饥不择食，没有注意饮食卫生。

③旅游途中条件所限，只能将就饮食。

④水土不服。

⑤旅途劳累，加之营养的摄入量不足，即旅途中的营养不良。旅游饮食引发的疾病类型较多，例如，肠道污染、胃肠功能紊乱、胃炎、溃疡病、恶心、呕吐、腹泻等。

4.2.3 旅途营养不良引发的疲劳症

这里专指旅游活动中因地域变迁、体力付出而营养素摄入不足引起的种种疲劳症状，其最终表现为旅游活动中的疾病，但其诱因往往会归结到酒店的饮食中。考虑到大多数旅游者通常缺乏对旅游活动中科学饮食的正确认识，故专门列出。

研究表明，大多数旅游活动所需的能量属于中等体力活动以上的能量消耗，旅途中

---

① 姚冠华 . 强化卫生管理，严防食物中毒 [N]. 厦门日报，1999—06—15（1）.

能量不足是造成旅游疲劳的主要因素。[①] 因此，旅途饮食中注意热源质食物的摄取，以保证有足够的能量供给至关重要。旅游活动是一种肌肉收缩、四肢肌肉活动频繁的过程，旅客在旅途中经常感到四肢乏力，肌肉酸痛。注意饮食搭配和营养素的摄取、提高矿物质的摄入量可以避免或减缓这种现象发生。

旅游活动中，"上火"和便秘也是旅途中旅游者经常出现的典型症状。"上火"和便秘是人体处在应激状态下所反映出的一种征兆。旅游者在旅游活动中经常处于精神亢奋、心理情绪比较不稳定、睡眠不足和作息时间不规则等应激状态中；加之旅游活动量大，体内新陈代谢加剧，出汗多，饮水量少，体表水分蒸发散失多等，从而造成体液不平衡而出现尿液黄、食欲减退、舌苔黄糙等"上火"现象。旅游饮食不规则、精细食品多、粗纤维少、水分供给不足则是产生便秘的主要原因。因此，旅游者在旅途的饮食中应注意饮食卫生和营养，增加营养素的摄入量，避免体液失衡和防止出现便秘。

旅游过程中免不了要乘车、船，而车、船的颠簸和晃动也会使游客产生疲劳和胃肠不适。此外，旅游活动中由于异地气候的变化，饮食结构的改变，水质不同等也易使游客产生"胀气""腹响"等消化不良、胃肠不适的现象。这些都与旅游的饮食食品选择不当、营养结构不合理有关。因此，加强旅游活动中的饮食营养概念，在旅游饮食中既强调饮食卫生又注意饮食营养，既不暴食暴饮也不胡乱应付，是旅游者在旅游活动中所应重视的问题，也是旅游企业在饮食安全管理中应重视的问题。

4.2.4　盗窃

这里的盗窃包括两层含义：一是对旅游者财产的盗窃；二是对饮食场所财物的盗窃。盗窃主要是指发生在饮食场所的盗窃事件，被盗窃的物件主要是旅游者随手放在桌椅旁的物品。一方面，旅游者在进餐时，精神相对松懈而放松警惕；另一方面，酒店服务人员忙于为旅游者提供餐饮服务，因此给犯罪分子带来了可乘之机。

4.2.5　欺诈

欺诈主要是指酒店对旅游者的欺诈行为，这种欺诈行为主要表现在诱骗、敲诈、强买强卖及宰客，对旅游者造成的精神伤害很大。例如，黑龙江省哈尔滨市松北区"天价鱼"事件、青岛市"大虾"事件等，均为严重侵害消费者权益的恶劣事件。2017年，四川太古里被曝光的"阴阳菜单"，包间和大厅菜单的价格居然不一样，贵了10～50元不等。2017年8月31日，温州市洞头区消保委接消费者投诉后现场核实某餐饮有限公司

---

① 郑向敏.旅游营养学[M].厦门：厦门大学出版社，1993：8.

在消费结算时虚高消费总价、出现多算账单情形，属于消费欺诈行为，予以相应处罚。2019年4月17日，青岛市某海鲜美食娱乐广场故意使用不合格电子台秤销售商品，游客举报后，被市场监管局查处和罚款。

4.2.6　火灾

火灾主要发生在酒店厨房中。酒店和高档社会餐饮因规模较大、档次较高，具备了较为现代化的厨房。因此，厨房中的各种电器、电路、管道、烹饪设备等较多，火灾隐患也相对较多。尤其是厨房中大量集中了燃料，又有不少可燃物，因此，危险系数较高，对旅游者的生命与财产损伤较大。例如，2020年1月6日，德国一家五星级的黑森林酒店失火，有超过60人被迫从酒店场所撤离，致使230年的历史建筑物几乎被大火完全摧毁，造成100万美元的损失；2020年11月15日，香港油麻地广东道560号尼泊尔餐厅，顾客开生日派时发生大火，造成17人死伤。

另外，随着火锅的兴起，旅游者对火锅的钟爱一直不减，尤其是冬季的旅游团队。现在不少餐厅中的火锅还是采用瓶装液化石油气做燃料，几十个瓶装液化气同时在餐厅中使用，其危险程度可想而知。

4.2.7　其他意外事故

在酒店餐厅进餐中，还有一些意外事故有可能引发旅游安全问题。例如，地板油腻湿滑而跌伤、餐具破损割伤、菜肴太热烫伤、电击伤等，甚至还可能出现旅游者与餐饮经营服务人员冲突而引发的安全问题。

4.3　酒店饮食安全控制与管理

4.3.1　饮食安全控制与管理

1）食品卫生管理

食品卫生管理是饮食安全管理的一个重要方面。食品卫生直接影响食用者的身体健康，严重的还将导致食物中毒或诱发其他疾病。因此，食品卫生管理是保证菜品和饮品质量、防止污染预防疾病的重要手段。食品卫生管理包括餐饮生产卫生管理、餐饮服务卫生管理、旅游者个人卫生管理3个环节。①旅游者个人卫生属于旅游者私人问题，旅游业、旅游饮食供应方只起到提醒作用，很难将其纳入管理范畴；②餐饮服务严格来讲也是餐饮生产的一个环节，餐饮服务卫生更多的是餐饮服务人员的卫生问题，类似于厨房工作人员卫生问题；③餐饮生产基本上在厨房进行，西餐中的法式餐车服务和现场表演也可看成厨房生产的延伸，食品卫生管理中心主要是厨房卫生管理。

所谓厨房卫生就是保证食品和饮品在选择、生产和销售的全过程中，始终处于安全卫生状态。为了保证食品和饮品的安全卫生状态，厨房食品和饮品从采购、验收、保藏到生产和服务都必须符合卫生要求。例如，原料必须是未受污染和不带病菌的；原料必须在卫生许可的条件下储藏；生产过程必须符合卫生条件；生产人员必须身体健康；设施设备必须符合卫生标准等。厨房卫生管理主要包括厨房环境的卫生管理与控制、厨房各作业区的卫生管理与控制、厨房工作人员的卫生管理与控制3个方面。

对此，国家专门出台了一系列标准，规范厨房卫生管理。如制定《食品安全国家标准 餐（饮）具集中消毒卫生规范》（GB 31651—2021）以规范餐饮具集中消毒服务单位生产经营行为，保证餐饮具卫生满足人民群众健康需求为目的，为加强餐饮具集中消毒的监督执法提供科学的技术依据。《食品安全国家标准 即食鲜切果蔬加工卫生规范》（GB 31652—2021）规范即食鲜切果蔬加工过程，促进行业健康发展，确保此类产品安全卫生，满足消费者对健康、便利生活的追求。《食品安全国家标准 餐饮服务通用卫生规范》（GB 31654—2021）是我国首部餐饮服务行业规范类食品安全国家标准，对于提升我国餐饮业安全水平，保障消费者饮食安全，适应人民群众日益增长的餐饮消费需求具有重要意义。《食品安全国家标准 食品中黄曲霉毒素污染控制规范》（GB 31653—2021）重点关注食品链中黄曲霉毒素的产生、消除、降低、控制等措施，对于加强黄曲霉毒素的过程控制，确保原料及下游产品食用安全具有重要意义[①]。

2）食品安全管理

食品安全是一个遍及全球的公共卫生问题。保证食品安全，关键是要预防、控制和消除食品安全危害，减少食源性疾病的健康损害和社会负担。如HACCP（Hazard Analysis Critical Control Point）质量管制法，即危害分析关键控制点。它作为一种科学的、系统的方法，应用在从初级生产到最终消费的全过程中，通过对特定危害及其控制措施进行确定和评价，从而确保食品的安全。HACCP在国际上被认为是控制由食品引起疾病的最经济的方法，并就此获得FAO/WHO食品法典委员会（CAC）的认同。它强调企业本身的作用，与一般传统的监督方法相比，其重点在于预防而不依赖于对最终产品的测试，它具有较高的经济效益和社会效益，被国际权威机构认可为控制由食品引起的疾病

---

① 中国饭店协会.国家卫生健康委发布餐（饮）具、餐饮卫生等食品安全国家标准。

的最有效的方法。

HACCP 是将食品加工、运输到销售整个过程中的各种危害进行分析和控制，保证食品达到安全水平的一个系统的、连续性的食品卫生预防和控制方法，包括以下 7 个原理：

①危害分析（Hazard Analysis，HA），是指对食品中有害于人类健康的不良作用所进行的科学分析与研究。

②确定关键控制点（Critical Control Point，CCP），即确定加工过程中能去除危害或降低危害发生率的一个点。

③确定与各 CCP 相关的关键限值。

④确立 CCP 的监控程序。

⑤建立资料记录和文件保存档案。

⑥纠正措施（Corrective Action）。

⑦验证程序（Verification Procedures）。

HACCP 要求企业必须建立和实施卫生标准操作程序，具体内容如下：

①接触食品（包括原料、半成品、成品）或与食品有接触的物品的水和冰应当符合安全、卫生要求。

②接触食品的器具、手套和内外包装材料等必须清洁、卫生和安全。

③确保食品免受交叉污染。

④保证操作人员手的清洗消毒，保持洗手间设施的清洁。

⑤防止润滑剂、燃料、清洗消毒用品、冷凝水及其他化学、物理和生物等污染物对食品造成安全危害。

⑥正确标注、存放和使用各类有毒化学物质。

⑦保证与食品接触的员工的身体健康和卫生。

⑧预防和清除鼠害、虫害。

3）食物中毒的防范及处理

食物中毒大多是食品、饮料保洁不当所致，其中毒症状多见于急性肠胃炎，如恶心、呕吐、腹痛、腹泻等。为了保障所有来店宾客的人身安全，必须采取以下措施：

①采购人员把好采购关，收货人员把好验货关，仓库人员把好仓库关，厨师把好制作关。

②发生食物中毒时发现人的职责：

a.报告总机，讲明自己的身份、所在地点、食物中毒人员国籍、人数、中毒程度、症状等。

b.报告人应就近看护中毒者，不要将病人单独留下，不要挪动任何物品，保护好现场。

③总机值班员任务：

a.接到食物中毒通知后，要问清时间、地点、中毒人数、中毒程度、症状并记录。

b.按下列顺序简明扼要地通知有关部门人员到达食物中毒现场：

Ⅰ.医务室和食品检验室；

Ⅱ.总经理、副总经理、大堂经理、保安部；

Ⅲ.值班经理、餐饮部；

Ⅳ.公关部、行李房、车队。

④食物中毒发生后，各指定人员带下列设备和物品赶到现场：

a.医务室人员：急救设备、药品、氧气；

b.保安部人员：勘察箱、照相机、报话机、笔录纸、手电筒；

c.行李房人员：根据中毒人员携带担架；

d.食品检验人员：食品取样器材。

⑤食物中毒发生后有关人员的职责：

a.医务室人员：

Ⅰ.携带急救器材、氧气等赶到现场，对中毒者及时诊断，采取紧急抢救措施，并按现场指挥员要求，负责与急救中心联系，如中毒者需送医院时，医务室应派专人陪同前往；

Ⅱ.公安机关来店处理食物中毒时，医务人员要主动提供中毒者病理情况；

Ⅲ.在领导决定通知防疫部门来店时，医务人员负责向防疫部门介绍中毒情况和接待工作。

b.保安部人员：

Ⅰ.立即赶到现场，划定警戒线，禁止无关人员进入和围观；

Ⅱ.协助医务室人员抢救中毒者，做好对发现人和现场知情人的访问记录；

Ⅲ.情况严重时随中毒者前往医院，适时做好中毒者访问记录，同时查明中毒者身份；

Ⅳ.店领导决定通知公安局时，保安部负责与公安局联系并做好接待工作；

Ⅴ.如中毒者死亡，应安排警卫保护好现场，进行初步调查，如系投毒，应立即控制嫌疑人，开展调查侦破工作。

c.总经理、副总经理：

Ⅰ.听取各部门情况报告，对各部门工作予以协调，统一下达命令；

Ⅱ.对应急措施予以决策，通知有关部门做好善后工作。

d.总值班经理，大堂经理：

Ⅰ.执行店领导对中毒现场及抢救工作的一切指令，向客人进行解释，稳定客人情绪；

Ⅱ.必要时立即通知中毒者、旅游团或家族。

e.行李房人员：

Ⅰ.立即到医务室取担架准备进行抢救；

Ⅱ.按店领导或部门领导的指令到达现场，用担架运送食物中毒者。

f.车队人员：

Ⅰ.准备好抢救中毒者和调查办案人员专车；

Ⅱ.一名人员在现场随时准备接受店领导指示。

⑥首长、贵宾预防食物中毒措施：

a.采取专人采购、专人验货、专人管理；

b.专人进行制作烹制；

c.专人进行上桌；

d.食品检验人员保留样品8 h。

4）饮食场所消防安全管理

饮食场所消防安全管理是酒店饮食安全管理的重要内容之一。饮食场所的厨房中各种电器、电路、油气管道及烹饪设施设备较多，是旅游饮食场所火灾的主要隐患。因此，饮食场所的消防安全管理主要是厨房的防火。造成厨房火灾的主要有电器失火、烹调起火、抽烟失火、管道起火、加热设备起火以及其他人为因素等。为了避免火灾的发生，需采用以下预防措施：

①厨房里各种电气设备的使用和操作必须制订安全操作规程，并严格执行。

②厨房里各种电动设备的安装和使用必须符合防火安全要求，严禁野蛮操作。各种电器绝缘要好，接头要牢固，要有严格的保险装置。

③厨房内的煤气管道及各种灶具附近不准堆放可燃、易燃、易爆物品。煤气罐与燃烧器及其他火源的距离不得少于1.5 m。

④各种灶具及煤气罐的维修与保养应指定专人负责。液化石油气罐即使气体用完后，罐内的水也不能乱倒，否则极易引起火灾和环境污染。因此，在使用液化石油气时，要由专职人员负责打开阀门，负责换气。

⑤炉灶要保持清洁，排油烟机烟罩要定期擦洗、保养，保证设备正常运转。

⑥厨房在油炸、烘烤各种食物时，油锅及烤箱温度应控制得当，油锅内的油量不得

超过最大容量。

⑦正在使用火源的工作人员，不得随意离开自己的岗位，不得粗心大意，以防发生意外。

⑧厨房工作在下班前，各岗位要有专人负责关闭能源阀门及开关，负责检查火种是否已全部熄灭。

⑨楼层厨房一般不得使用瓶装液化石油气。煤气管道也应从室外单独引入，不得穿过客房或其他房间。

⑩消防器材要存放在固定位置。

5）饮食场所防盗管理

要减少甚至杜绝饮食场所发生盗窃的不安全现象，主要应对饮食场所加强治安管理。饮食场所的治安管理除了依靠酒店所在地的公安、派出所等治安管理单位外，还应通过酒店自身的安保系统进行管理。酒店要有相应的防盗治安条例和措施，酒店服务员在就餐人员较多、秩序较乱时不仅要提高警惕，防止不法分子趁乱盗窃客人的财物，还要提醒食客注意看管好自己的财物。若客人财物被盗，应及时向社区治安机构报案，并协助其破案。

6）与饮食有关的其他安全管理

除上述饮食安全管理外，与饮食有关的安全管理还包括：

①加强对酒店餐饮场所的现场管理，以防止出现地面油腻湿滑、餐具破损等人为原因造成的游客跌伤、割伤等不安全事故。避免出现因客人酗酒、斗殴而殃及其他游客的不安全事件。

②加强对酒店员工的职业道德教育与管理。通过教育并出台相关的规章制度与措施，防范与控制酒店餐饮场所对旅游者饮食的欺诈行为，杜绝在饮食场所出现敲诈、强买强卖、宰客等非法经营现象。

③加强对酒店员工的技能技巧培训，防止出现酒店服务人员与旅游者发生冲突而引发的安全问题。

4.3.2 酒店应该认识旅游活动中的科学饮食

旅游者在进行旅游活动的诸过程中，由于饮食结构、习惯改变，住宿条件变更，机车船颠簸，旅游中活动量加剧，心理、情绪乃至地理环境和民俗风情的变化等将产生某些生理反应或变化。如何结合旅游活动的特点，根据旅游者的具体情况，考虑旅游地气候、环境、风俗、旅游季节等诸多因素，合理地组织安排旅游活动中的饮食，保证旅游者在旅游活动中的营养需要，达到旅游目的，是旅游饮食安全管理的任务与内容之一。

由饮食所造成的生理反应有以下几个方面：一是口味改变造成的食欲不振；二是饮食习惯改变引起消化不良、腹泻、便秘等消化功能紊乱的症状；三是饮食不当造成的腹泻与肠道传染；四是水土不服。

1）旅游活动中的科学饮食

旅游活动中的科学饮食是为了在提供旅游者足够能量与营养素的食品、满足旅游者完成旅游活动的生理需求的同时，适当地满足旅游者对美食的心理需求和享受要求，达到旅游目的。对应于饮食科学的内涵，旅游活动中的科学饮食一般包括旅游活动中营养素的供给、膳食的平衡以及适度的美食。

从营养学角度来看，旅游者以及旅游酒店的饮食制作者应根据旅游活动的特点，根据旅游者的生理需求和饮食习惯，提供给能量适中、营养素齐全、新鲜优质、口味良好的膳食，以满足旅游者的生理需求，保证旅途顺利，达到旅游目的。对于我国旅游者而言，采用碳水化合物含量较高的食物（如面包、米饭、甜点）作为主食是旅途中既经济又比较符合饮食习惯，容易被接受的一种保证能量供给的途径。但是，考虑到旅途中饮食不便以及旅游活动量大等特点，应在旅游饮食中适量增加脂肪的饮食比例，以减少胃容量和提高供热系数，增加饱腹感，保证旅途中能量的需求和各种营养素的提供。各种营养素中，蛋白质、矿物质和水能促使人体生长和恢复，而维生素、矿物质和水则能调节人体生理过程。因此，适当增加维生素、矿物质和水的摄入量，能够调节人体生理过程，克服旅途中人体出现的不良生理反应，使旅游活动变得轻松愉快。

2）旅游活动中别忽视食物的相克关系

在食物的大家族中，各种食物之间的关系也是非常微妙的。一般来说，大多数食物可以搭配着一起食用，但是也别忽视少数食物之间的相克关系（至少 2 h 内不能一起食用），否则不利于旅游安全甚至影响游客生命安全。

3）国外旅游中的科学饮食

出国旅游的旅游者，在饮食上经常遇到一些情况：

①肉食很多，而米面较少。

②鱼类、肉类中有些是半生或生的。

③生吃海产品。

④生吃蔬菜，品种众多。

⑤脂肪类食品多，煎、烤食品多，用油量大。

⑥甜食和需加糖的食物多。

⑦凉的、热的、生的、熟的、荤的、素的、甜的、咸的混杂而食。

⑧冷饮多。

上述几点与我国人民的饮食习惯有着明显的不同。因此，为了顺利适应国外的饮食，保护胃肠道健康，饮食时可采取以下办法：

①每餐不宜吃太饱。

②开始时尽量少吃不太熟的肉类。因为半生的肉类容易引起心理上的反感——厌食，其次逐渐接触，由少到多，慢慢习惯。

③尽量少饮酒，以免影响消化功能。

④吃生牡蛎会引起旅游者腹泻（细菌或病毒感染）、急性病毒性胃肠炎等，应尽量少吃。

⑤为了预防消化不良，餐后可服消化酶如多酶片、胰酶片等，为预防腹胀可服乳酶生（即表飞鸣）。

⑥如果觉得食物有被污染的可能，尤其在热带地区食物被污染极为常见，可于餐后服黄连素 0.2 ~ 0.3 g。若有腹痛、腹泻应立即用消炎药，如黄连素、复方新诺明或四环素等治疗。

在国外，冷饮是普遍的饮料。瓶装饮料除了因不习惯而在饮后发生腹胀、胃肠蠕动加快、腹部不舒服外，一般不会引起感染性炎症。所以，在国外旅游时，应尽量喝瓶装饮料，尤其是矿泉水。

【教学实践】

组织学生参观酒店餐饮部营业场所，特别是了解厨房的操作流程，对各个方面可能出现的安全隐患进行讨论，并就某项流程设计出关键控制点。

【本章自测】

1.简述 HACCP 的概念。

2.简述饮食场所的安全消防措施。

3.举例说明生活中食物的合理搭配情况。

4.举例说明生活中如何做到科学饮食。

5.如何在酒店饮食安全控制与管理中运用 HACCP 的方法？

第 5 章

住宿安全控制与
管理

【学习目标】

通过本章的学习要求学生掌握酒店住宿安全的基本知识，了解住宿安全控制与管理的基本方法。

【知识目标】

认识酒店住宿安全的表现形态，理解住宿安全控制与管理的特点和职业安全。

【能力目标】

能思考酒店住宿安全表现的各种形态，能分析其原因，提出解决对策。

【关键概念】

住宿安全表现形态　安全控制与管理的内容　安全控制与管理职业安全

案例导入：

酒店人员繁杂，且流动性大，酒店应在顾客住宿全过程中进行有效的安全控制与管理，以保障顾客的生命与财产安全，否则将会造成顾客与酒店利益的损害。

2021年8月5日晚，微博网友"fiore花花"发布视频称，7月30日晚，她入住上海浦东新区三林镇某酒店，凌晨3时许一男子全裸闯进其房间。她因受到惊吓而大声呼叫，该男子退出房间，随后花花报警。酒店客房楼层监控画面显示，该男子凌晨3:07进入房间，而花花是3:09发现他。花花称，这两分钟内该男子可能在玄关处确认房间内只有她一个人。此外，酒店监控显示，凌晨2:21起，该男子从7楼到10楼挨个开房间门，整个过程维持近50 min，而该酒店安保人员没有任何反应。

7月31日下午，派出所告知花花处理结果，对该男子因猥亵他人的违法行为处以行政拘留5日。8月6日，该酒店发布致歉声明，表示会加强夜间安保，加大对酒店的安全技防投入。8月9日下午，当事人再度发声，将向涉事男子提起正式诉讼，将会向该酒店索赔1元，希望酒店公布后续整改方案。

在这起安全事件中，酒店在客人安全问题上的缺位主要源自两点：一是酒店巡查制度和应急制度并未落地实行。酒店应当实行24小时值班制度，并有专人巡查，巡查间隔时间不得超过1 h。另外，在已经发现有客人受到肉体或者精神伤害时，应立即启动应急预案，进行强制干预或者报警。二是酒店住户安全复核制度并未严格执行。对于提供住宿服务的酒店企业，保护住店客人隐私和安全是重点。在未经消费者同意时，酒店应严格执行"一卡制度"，并严格复核除入住客人以外的客人身份，以此避免不必要的纠纷。

5.1 旅游住宿安全与管理

住宿是旅游活动六大环节中重要的一环，也是旅游活动中不可或缺的部分。在整个旅游活动中，旅游者基本上都处在一种陌生的环境中，只有在住宿处，才拥有自己相对独立和安全的场所，并获得重新投入旅游活动前的身心放松和休息。旅游者往往认为，住宿场所是整个旅游活动中最放心和值得信赖的"庇护所"。然而，事实并非如此。旅游住宿实际上是旅游活动中发生旅游安全问题的高发环节之一。

5.1.1 住宿场所与旅游住宿安全

目前我国旅游住宿接待设施或旅游住宿场所大体分为以下 8 种类别：

（1）商务酒店

这类酒店以接待商务客人为主，一般建在商业中心（市区内），除了提供给客人属实的住宿、饮食起居和娱乐活动外，还必须有经商所必需的长途直拨电话、传真等现代化通信设施以及打字、速记、文秘及录像、投影等特殊服务项目。高级酒店还应有 24 h 送餐服务、24 h 洗衣服务。

（2）旅游酒店

这类酒店以接待暂住的旅游者为主，一般建在旅游点附近，这是由国家行业行政管理部门统一管理，有严格审查和检查的旅游住宿接待设施，还要为客人提供餐饮、娱乐、保健、休闲和购物等设施，只有符合特定的标准，才能被认为是旅游饭店。这类住宿接待设施等级相对较高。

（3）住宅式（公寓式）酒店

这类酒店以长住客人或者家庭出行的客人为主。除了提供商业酒店的一般设施外，一般采用家庭式结构，并提供厨房设备、办公设备及小孩游乐设施，使住客能充分享受家庭之乐。这类接待设施等级中等以上。

（4）经济型酒店

这类酒店以中低消费者为对象，是以经济的价格、中档的设施、优质的服务和整洁卫生的环境呈现给消费者的非奢华酒店，力图提供在"住宿和早餐"上精益求精的酒店。其最大的特点是经济、简约，满足消费者的一般住宿要求。

（5）旅游民宿

旅游民宿利用当地民居等相关闲置资源，经营用客房不超过 4 层、建筑面积不超过 800 m²，主人参与接待，为游客提供体验当地自然、文化与生产方式的小型住宿设施。民宿主人是民宿业主或者经营管理者。文化和旅游部出台了《旅游民宿基本要求与评价》（LB/T 065—2019），可供相关经营管理工作者参考。

（6）短租公寓

短租公寓是以住宿接待为主要功能的一种租期灵活、租房手续简单、新的房屋租赁形式。房源是分散和不易识别的，多集中在繁华地带或旅游景区。借助网络进行运作，短租公寓改变了传统租房的特点，让租房变得更快捷、更方便，有种家的感觉，比较温馨，住宿价格与传统酒店相比，也具有很大的优势。

（7）临时家庭旅馆

临时家庭旅馆是指未经工商部门核准、备案，临时供旅游者住宿的场所。临时家庭旅馆在卫生、安全等方面往往没有保障，对主人、当地社会经济文化、道德水平的依赖程度较高。

（8）野外宿营地

野外宿营地是指任何可供露宿的野外场所。它通常是背包旅游者和探险旅游者的首选。已有标准主要为《自驾车旅居车营地质量等级划分》（LB/T 078—2019），其余类型的野外住宿场所没有任何安全保障措施，国家目前也没有对此种住宿场地制定相关规定。

考虑到行业管理的可操作性以及旅游住宿接待设施的主流性质，我们仅以前两类旅游住宿接待设施尤其是旅游饭店为例来论述住宿安全管理。其他住宿形式暂不考虑。

5.1.2　住宿成为旅游安全问题高发环节的主要原因

①旅游住宿是一种很生活化的活动内容，私密性较强，因此，相应的安全管理难度较大。

②旅游住宿涉及生活中的诸多方面，潜在的安全隐患和环节相应增加。

③住宿的私密性同样为犯罪分子和不安全因子创造"私密"环境，使得不安全问题难以被发现。

④住宿是旅游者在游览等活动后的一种放松状态，旅游者自以为有了安全庇护所，就放松了警惕。

5.1.3　住宿安全管理

住宿安全管理涉及下列 3 个层面：

1）宏观行业安全管理

宏观行业安全管理是指全国性、地区性的宏观行业安全管理。由国家或地区制定相应的法规，设置专门的机构和人员，对全国住宿接待设施加以规范、管理，落实住宿接待设施的安全设施状况、安全管理工作，从宏观上把握住宿业的是行业安全。例如，通过《中华人民共和国治安管理处罚法》《旅馆业治安管理办法》《中华人民共和国消防法》对住宿业的治安、消防等予以宏观管理。因此，行业安全管理在很大程度上体现为国家、地区的安全管理政策法规（详见第 6.1 节）。

2）微观住宿企业安全管理

微观住宿企业安全管理主要是指住宿接待企业根据国家的相应政策法规开展的企业内部安全管理。住宿接待企业内部的安全环节千头万绪，安全管理工作较为琐碎，难度相对较大。归纳起来，微观住宿企业安全管理涉及以下 7 个方面：

①安全管理规章制度。

②安全管理机构。

③安全设施设备。

④部门安全管理。

⑤防火。

⑥防盗。

⑦其他安全管理。

3）旅游者管理

旅游者管理包括下列两个方面：

（1）对旅游者的管理与引导

一方面，要对旅游者进行管理，防止旅游者借助旅游者身份的掩护变成犯罪分子和旅游安全问题的故意肇事者；另一方面，要正确引导旅游者，使旅游者能够遵守相应的安全规章制度，安全操作，不至于引发旅游安全问题。例如，据统计，酒店火灾中约有40% 是由客人吸烟不注意引发的。因此，引导旅游者不要卧床吸烟，对住宿的旅游者加强管理显得非常重要。

（2）旅游者的自我安全管理

旅游安全问题的发生，有很大一部分是旅游者自身的原因造成的。例如，旅游者疏忽大意而导致在住宿场所东西丢失或物品被盗，旅游者吸烟引发的火灾等。因此，旅游者一方面要提高警惕，充分认识到旅游住宿中潜在的安全隐患；另一方面，应尽量克制自己的行为，避免使自己成为旅游安全问题的肇事者尤其是故意肇事者。

5.2　住宿安全的表现形态

旅游住宿中的安全问题主要表现为 4 种类型：以偷盗为主的犯罪行为；火灾；隐私与名誉损失；逃账等财产安全问题。名誉损失主要针对住宿旅游者而言；逃账等财产安全问题主要针对酒店及住宿接待设施而言；犯罪和火灾则可能对住宿中的旅游者和住宿接待设施都造成很大影响。当然，住宿接待设施通过提供饮食服务、娱乐服务也可能造成相应的饮食安全、娱乐安全问题。我们把住宿设施中可能出现的饮食安全、娱乐安全等放在本章相应的其他章节中论述。[①]

5.2.1　犯罪

旅游住宿安全中的犯罪以偷盗为主。可以说盗窃案件是发生在旅游酒店中最普遍、最常见的犯罪行为之一。酒店是一个存放有大量财产、物资、资金的公共场所，极易成为盗窃分子进行犯罪活动的目标。酒店客人的物品新奇、小巧、价值高，客人钱财在客房内随意存放，酒店的许多物品具有家庭使用或出售的价值等都成为诱惑不法分子犯罪的动机。盗窃案件对酒店造成的后果也较为严重，不但造成客人和酒店的财产损失，而且使酒店的名誉受损，直接影响酒店的经营。

从犯罪主体来看，酒店盗窃案件具有以下特点：

（1）社会上不法分子进入酒店内偷盗

酒店是一个公共场所，为作案者自由出入提供了方便。犯罪分子或以住店为名，或以访客为由，在酒店内游荡，或进入客房，或在大堂等公共场所寻找易于下手的机会进行偷窃。

（2）酒店内部员工借工作之便进行偷窃

酒店内部员工有直接接触客人财物的便利条件，个别意志薄弱的员工挡不住诱惑，采用欺骗与偷盗行为进行犯罪活动。

（3）酒店客人利用住店之机进行偷盗

高级酒店客房内的浴巾、浴衣、高档餐具、装饰品等制作精美，具有观赏和实用价值。一些住店客人或出于喜欢、贪心，或想取做纪念而盗取这些物品。

[①]　郑向敏. 旅游安全学 [M]. 北京：中国旅游出版社，2003：103-107.

从盗窃手段来看，酒店盗窃案件具有以下特点：

（1）以盗窃小件贵重物品为主

旅客的手提包、密码箱、首饰，酒店高级套房内的古董、字画、装饰物等小件贵重物品常是窃贼瞄准的目标。这些物品体积小，便于匿藏和携带出酒店。

（2）"抽签式"盗窃现金

窃贼从客人的钱包、公文包、信封或抽屉里抽出少量钞票占为己有。这种盗窃手段一般不易被客人察觉，以酒店员工作案为主。

（3）"偷梁换柱"式偷盗

有些窃贼利用空的或内装杂物的提包、密码箱在酒店的大堂、餐厅里偷换客人的提包、密码箱，有的则利用访客的身份进入客房，用空箱、提包等换走客人的箱、提包。另外，有的不良员工利用工作之便，用假钞、假首饰换走客人的真钞、真首饰等。

（4）智能化和技能化

犯罪分子在酒店的作案手段往往体现出高智能化和高技能化的趋势。主要表现在以下3个方面：

①以住客或访客身份进入酒店的犯罪分子一般服装入时，有的略懂一些外语，其外观形象容易迷惑服务人员。

②一些犯罪分子利用以往住店时复制的客房钥匙进行作案。

③有些犯罪分子或选择有利的环境、时间伺机作案，或利用酒店管理服务人员工作中的漏洞进行作案。例如，利用客房卫生班服务人员不熟悉房客的弱点，冒充住客，在卫生班服务员做客房卫生时进入客房，在服务员眼皮下公然取走物品。有的利用楼层值台员换岗或离岗服务时进入客房偷盗，有的则在大堂、餐厅等公共场所利用客人入住、结账、候车、用餐时盗走客人放在桌上、地上的提包、物品等。

5.2.2 火灾

火灾是失火造成的住宿场所人员伤亡和财产损失的灾害。由于住宿接待设施尤其是酒店建筑费用高、内部设施完善、装饰豪华、流动资金和各类高档消耗品储存较多，且多地处繁华地段，一旦发生火灾，其直接经济损失较高、危害大。《世界酒店安全》（*Hotel Security World-wide*）杂志统计，1982年全世界由酒店火灾所造成的直接经济损失就高达1.54亿美元。近年来，因责任事故、违规作业等，我国饭店业的火灾也频频发生。2017年2月25日8时许，江西省南昌市红谷滩某酒店发生火灾，造成10人死亡、13人受伤；2019年7月14日，武汉汉口胜利街百年老建筑某饭店突然失火，事故未造成人员伤亡，但饭店房顶被烧垮，起火原因是电焊工在二楼室外阳台用电焊切割铁架产生火星引起的。

纵观各酒店发生的火灾，普遍具有以下 3 个特点：

（1）功能复杂，消防困难

酒店内部的功能一般较为复杂，设备繁多。存在多种火源，既容易引起火灾，又给防火和灭火工作带来了一定的困难。

（2）人员密集，伤亡严重

酒店每天都聚集着大量的人员。酒店发生火灾时，要将酒店内所有的人员尽快撤离到安全地，难度较大。尤其是绝大多数的客人对他们所住的酒店内部结构不熟悉，在发生火灾时，往往不知所措，给酒店的救灾工作带来相当大的困难。

（3）可燃物多，毒气量大

酒店客房内的各种家具、地毯、棉织品等物品多以木材、棉毛和化纤为原料。这些物品很容易燃烧，燃烧时又会产生大量的烟雾和有毒气体。酒店建筑物内还有聚氨酯、聚碳酸酯以及其他合成材料，在燃烧过程中也会释放出各种有毒的副产物，混在火场烟雾之中。这不但给酒店增加了火灾的威胁，而且一旦发生火灾就很容易造成大量的人员伤亡。

美国研究人员对 393 次建筑火灾中死亡的 1 464 人的原因进行统计分析表明，烟雾和有毒气体造成缺氧窒息和中毒是火灾致人死亡的最主要原因，死亡人数高达 1 062 人，占总数的 72.5%。

近年来，高层酒店在国内越来越多，几乎所有大、中城市都有一家或几家高层酒店。相对一般酒店而言，高层酒店火灾还具有以下特点：

（1）火势蔓延快

高层酒店的电梯井、风道、排风道等竖向井道，如果防火措施处理不好，在发生火灾时，就像一座高耸的烟囱，火势蔓延迅速。楼层越高，外界的风速越大。高层酒店发生火灾时，强风能将大量的氧气带入，扩大燃烧面积，同时还能加剧对流，使火势蔓延速度加快。酒店内敞开式楼梯间、电梯井和楼层之间相通的空调系统，是烟雾蔓延扩散的主要渠道。由于各种服务性设施需要连接起来，在楼层之间开了许多孔洞，如果对这些凿穿的洞口堵塞不当，烟雾就会通过这些洞孔部位从一个楼层扩散到另一个楼层。

（2）扑救难度大

我国目前定型生产的曲臂登高消防车的最大工作高度为 23 m，同消防队主要配合的消防车在最不利的情况下直接吸水救火灾的最大高度为 24 m。这样，一旦在酒店 10 层以上或火势蔓延到 10 层以上时，就会给外部的灭火造成困难，只能依靠室内的消防给水设施。如果火势很大，室内消防水量就不够用。火灾中，聚集在建筑物内的烟和燃烧生成的气体会影响火场的能见度，阻碍消防人员接近火源救险和灭火，而且还会打乱灭火作战计划。聚集在建筑物内未燃烧的热分解产物，如果突然有足够的氧气供给，便能起火爆炸。所有这些，均给灭火和救援工作带来很大的困难。

（3）疏散困难

酒店越高，层数越多，酒店的人员就越多。由于人员高度集中，在发生火灾进行疏散时，往往会出现拥挤、混乱等现象。酒店越高，垂直疏散的距离也就越长，疏散的时间便越长。在火灾的初期阶段，烟与燃烧生成的气体并不是一个严重的问题。随着火灾燃烧面积的增大，烟雾扩散的部位就会充满浓烟，如果不及时采取通风措施，能见度就会逐渐下降，使人们陷入烟雾弥漫的建筑物内分不清方向。以上这些情况，都会延长疏散的时间，从而大大增加人员伤亡的可能性。国外有的酒店在发生火灾时往往会运用直升机营救店内的人员。

（4）火灾发生率高

高层酒店由于楼层高、规模大，因而各种服务和生产都集中在大楼内。此外，高层酒店内不但有大量的可燃物质（如家具、床上用品、地毯、窗帘等）还存在多种火源（如厨房、锅炉房、人为吸烟等）。高层酒店内多种电器设备、机械器具品种较多，因而故障发生率比低层酒店高。这些原因，决定了高层酒店比低层酒店火灾发生率要高得多。

由于高层酒店人员多、疏散距离和时间长，内部走向复杂，再加上发生火灾后大楼断电、自然采光少，极容易造成混乱和拥挤，使人员伤亡大大高于低层酒店。从世界上一些酒店的火灾案例来看，越是高层酒店，伤亡人数越多。如日本新日本大酒店（10 层）发生火灾造成 33 人死亡，28 人受伤。西班牙阿罗肯酒店（11 层）发生火灾造成 85 人死亡，60 多人受伤。巴西乔尔马大厦（25 层）发生火灾造成 227 人死亡，500 多人受伤。美国希尔顿酒店（30 层）发生火灾造成 358 人伤亡。米高梅酒店（23 层）曾经发生严重火灾造成 84 人死亡，近 700 人受伤。印度 31 名新冠患者在酒店隔离，睡梦中突发大火，导致 10 人身亡。

5.2.3　名誉安全

名誉安全是指客人住店期间因酒店的行为或他人的行为而受到名誉或人格的损害。例如，酒店有卖淫、嫖娼现象的存在，有赌博、打架斗殴等不良行为的存在，导致形象不良而使入住该店的客人被误认为同流合污者而使客人认为"到此住宿很羞耻、很不光彩"，客人名誉受损，人格受到伤害。

5.2.4　隐私安全

隐私安全是指客人的一些个人生活习惯、爱好、嗜好，甚至一些不良行为和生理缺陷的安全保障问题。客人住店期间，或在消费中，或在被服务过程中有时会无意间流露出难以启齿的个人生活中的一些嗜好、不良习惯与行为，甚至一些生理缺陷。这些隐私如果外泄，会影响客人的人格甚至影响其工作。因此，楼层服务员有责任为客人保守秘密和隐私，使客人能够放心，无拘束地消费与生活。

5.2.5 心理安全

心理安全是指客人在入住住宿场所（酒店）后对环境、设施和服务的信任感。有时虽然客人的人身和财产并未受到伤害和损失，但客人却感到有不安全的威胁，存在一种恐慌心理，如设备安装不牢固，电器设备有漏电现象，楼层有闲杂人员等。从保障客人的合法权益来说，只要客人住进了住宿场所（酒店），酒店的任何人员，在非特殊情况下，都不得随便进入该客房。住宿场所（酒店）的员工有责任为客人保守秘密和隐私。如果有客人不愿将自己的情况告诉别人，那么住宿场所（酒店）员工就要为他保密，不要轻易将他的房号等告诉外来人员，让客人在心理上获得安全感。

5.2.6 逃账

逃账现象在中、西方酒店中常有出现。在酒店经营管理中，常把冒用信用卡、盗用支票、假支票、假钞、逃单等现象统称为逃账现象。逃账的结果无疑给酒店带来经济的损失和人力的耗损。因此，逃账是危及酒店正当利益的财产安全问题。

5.3 住宿安全控制与管理

5.3.1 住宿安全控制与管理的内容

住宿安全控制与管理是指为了保障客人、员工以及酒店的安全而进行的一系列计划、组织、指挥、协调、控制等管理活动。

住宿安全控制与管理的内容主要是保障客人的安全、保障员工的安全和保障酒店的声誉安全。[①]

---

① 范运铭. 现代饭店管理 [M]. 武汉：武汉大学出版社，2006：200-202.

1）保障客人的安全

（1）保障客人的人身安全

保障客人的安全是酒店安全控制与管理的主要任务。要保证客人的安全，首先必须对客人的安全要有一个全面的认识。一般来说，保障客人的安全主要是保障客人的人身安全，就是保障客人的人身不受伤害。这是客人最原始、最起码的生理和心理要求。造成客人人身伤害事故的因素主要有自然灾害、公共治安、酒店设施设备安装不当，以及火灾、食物中毒等。其中有些是酒店自身无法控制的。

（2）保障客人的财产安全

财产安全是指客人入住酒店后，随身所带的一切财物的安全，以及委托酒店代为托运、保管的财物安全。客人的财产损失一般来自火灾事故、盗窃案件和酒店工作中的差错。

（3）保障客人心理上的安全感

心理上的安全感，就是客人入住后对环境、设施、服务的一种信任感。有时，虽然客人的人身并未受到伤害，财产也未损失，但客人却时时感到有不安全的威胁，存在一种恐慌心理。这种不安全的威胁，主要表现在：一是设施、设备安装不合理或不牢固，如冷热水龙头装反、电器设备漏电、空调噪声过大、浴室地砖不防滑等；二是收费不合理，价格不公道，使客人有被"敲竹杠"之感；三是服务人员服务不当，如不敲门进房、随便翻动客人的东西、不恰当的询问、不科学的会客服务方式、不负责的查房等；四是酒店气氛过于紧张，如禁止通行、闲人免进、此路不通的标语随处可见，保安人员表情严肃、态度生硬；五是酒店缺乏必要的防盗和消防设施。心理上的安全感从某种意义上说，比前两项更为重要，但也是最容易忽视的。

2）保障员工的安全

保障员工的安全，既是社会主义制度的客观要求，也是酒店业务活动顺利进行并取得良好效益的基本保证，因此，必须引起高度重视。保障酒店员工安全的内容主要包括以下3点。

（1）保障员工的人身安全

保障员工的人身安全，就是保障员工的身体健康，使员工的人身不受伤害。一般来说，影响员工身体健康，造成人身伤亡事故的因素主要有3个方面：一是由于设备不好或操作不当造成的工伤事故，如跌伤、扭伤、割破、烧伤、烫伤、触电等；二是由于劳动保护措施不当引起的各种疾病；三是客人中的个别不法分子无理取闹殴打员工致伤。由此可见，保障员工的人身安全是一项内容广泛和复杂的工作。

（2）保障员工的合法权益

酒店为了正常运转，提高服务质量和经济效益，必须制定严格具体的规章制度。例如，有的酒店规定，在任何情况下都不能和客人争吵，员工出入员工通道，应自觉接受门卫的检查等。为此，在工作中难免会受各种委屈和被没有修养的客人刁难。因此，作为酒店的管理者和安全部门，必须坚持依法办事，主持公道，保障员工人身权利不受侵犯，人格不受侮辱。

（3）保障员工的心灵不受不良影响

有些涉外酒店接待的对象主要是外国人、外籍华人、华侨、港澳台同胞。客人的到来给酒店带来了收入，但同时也带来了西方的一些不好的东西，这就不可避免地会对酒店员工的思想和行为产生影响。如果不加控制，就可能产生质的变化，造成严重的后果。因此，如何采取有效措施，防止精神污染，也是员工安全管理不可缺少的组成部分。

3）保障酒店的声誉安全

保障酒店的声誉安全，首先表现在为了维护酒店的形象不受破坏而进行的一系列工作。例如，有的客人在公共场所酗酒、大声吵闹，或衣冠不整、行为举止不雅等，就会影响酒店的格调，损害酒店的形象。对此，酒店的保安人员就必须及时加以劝说或阻止。其次表现为保障酒店的财产不受损失，例如，预防和打击内外盗窃行为等。

5.3.2　住宿安全控制与管理的各项安全制度

各项安全制度的建立有助于消灭任何不安全因素，提高服务水平。住宿安全控制与管理的各项安全制度具体包括以下内容：[①]

1）住宿登记的证件查验

凡是进住酒店的客人，无论是本国人还是外国人，在迁入登记时须持本人有效身份证、护照、外国人居留证等，由柜台接待人员确实核对，并发给酒店住宿证（Hotel Passport）。

2）对来访人员进行登记

为维护店内秩序，保障旅客安全，必须对访客进行登记工作。

3）加强追踪检查客房

凡客人外出或退房，必须由服务员对客房做追踪检查：

①房间设备、物品是否有损坏或遗失。

②是否使用迷你吧的酒水。

③是否有未熄烟火及其他异常情况，并记录客人外出时间、查房时间及签上检查员名字。

---

① 李钦明．饭店客房管理实务［M］．沈阳：辽宁科学技术出版社，2001：418-420.

4）建立巡楼检查制度

除了以电子监视系统对各重要角落进行监视外，房务员、安全警卫、值班经理（大厅副理）交叉巡楼，注意检查以下项目：

①楼层是否有闲杂人员。

②是否有烟火隐患，消防器材是否正常。

③门窗是否已上锁或损坏。

④房内是否有异常声响及其他情况。

⑤是否有设备、设施损坏情况及是否整洁。

5）治安事件报案制度

遇有行凶暴力、抢劫事件、斗殴事件、发现爆裂物或发生爆炸事件、突发性事件时，应立刻通知公安机关报案，并做好记录（案发地点、时间、过程）。控制人员，封锁现场，提供公安人员任何可能的线索。

6）火警、火灾的预警

定期检查火警总机及消防系统，以便一旦情况发生能随时发出警告并采取紧急应变措施。酒店也应定期做消防宣传与消防演练。

7）遗留物品的处理

凡在住宿范围内拾获的一切无主物品均视为遗留物品。任何人拾获，必须马上登记收获人姓名、日期、时间、地点及品名等，上交部门主管，由酒店统一登记造册与存放，私存遗留物品的视为盗窃处理。

8）做好交接班工作

各当班人员必须有交班簿（表），当班人员须认真详细地填好各项交班事项，签上自己的姓名，交接班以书面形式付诸文字为准，必要时也可用口头表达清楚。

9）财务保管制度

贵重物品的保管，一般由柜台出纳负责处理。在新型的酒店客房中均设有电子保险箱，供客人存放贵重物品。贵重物品的保管，无论在柜台或客房，都可有效遏止盗窃事件的发生。

10）员工外出的检查

员工外出时必须接受安全警卫的检查，若有携带酒店物品或特殊之物，须持有主管签名核准的"携出物放行条"，否则必须加以扣留并接受检查。

11）留意住宿客人的房间情况

房务部各级职员必须注意下列房间内的情况：

①是否有枪械等凶器。

②是否有违禁及管制的药品和毒品。

③是否在客房内烹煮食物及使用耗电的电器用品。

④是否有强烈异味。

⑤是否有宠物。

⑥客人是否生病。

⑦是否有大量金钱或金银珠宝。

5.3.3　住宿安全控制与管理的职业安全

住宿安全控制与管理的职业安全主要是指保障房务员的职业安全。房务员在清扫整理房间或进行其他作业的过程中，必须注意安全，严格遵守酒店所规定的安全守则，以杜绝各类安全事故发生。据统计，80%的事故都是房务员不遵守操作规程、粗心大意、工作不专心、精神不集中造成的，只有20%是由设备原因所致。因此，所有的房务人员在执行工作中，都必须有安全意识，防止事故的发生。[1]事故发生的原因可从以下3个方面来加以分析。

1）员工的危险行为

房务员的不安全动作是造成意外的原因之一，现列举如下：

①进房间不开电灯。

②把手伸进垃圾桶里。

③清洁浴室时没有注意到洗脸台上的刮胡刀。

④挂浴帘时不使用梯形凳，而是站在浴缸的边沿上。

⑤行动匆忙或抄捷径。

⑥抬举重物的方式不恰当。

⑦忽视安全指示或守则。

2）工作环境的不安全

工作环境的不安全也是一种潜在的危险，现列举如下：

①未留意地面上的玻璃碎片。

②未留意有缺口的破损瓷器和玻璃器皿。

③未清理泼在地上的液体或食物。

④搬动家具时不小心被钉子或有刺的东西刺伤。

⑤插头的电线没有靠墙角放置而被绊倒。

⑥松或滑的地板表面。

---

[1]　李钦明. 饭店客房管理实务[M]. 沈阳：辽宁科学技术出版社，2001：430-433.

⑦设备堆置或存放方式不当。

⑧照明不够。

3）设备或工具操作维护不当

器械的操作维护不当也是人为因素的潜在危险，现列举如下：

①不遵照机器的操作规定。

②使用表层绝缘体破损的电线。

③失效或功能欠佳的工具、材料没有报修。

安全操作以创造没有危险的工作环境为目标，是主管与操作人员共同努力的方向，现将安全操作须知分述如下：

（1）主管人员的责任

主管人员应在其责任区中负有防止意外事故的责任。

①主管应对下属施以正确的教导，监督工作的安全，若有不安全行为时，随时加以修正以防意外发生：a.防止工作方法错误引起的危害；b.防止物料储运、储存方法错误的危害；c.防止机械、电气、器具等设备使用不当引起的危害；d.防止火灾、台风、地震引起的危害；e.其他维护顾客、员工健康、生命安全等的必要措施。

②各主管负责督导工作地区范围内的清洁及整顿工作。

③对新进人员详细解释有关安全的规定及工作方法。

（2）作业人员的须知

作业人员为实际第一线的操作人员，如果能确实遵守安全操作须知，可以避免意外事件的发生：

①在酒店范围内不得奔跑。

②工作地带湿滑或有油污，应立即抹去以防滑倒跌伤。

③员工制服不宜过长，以免绊倒。发现鞋底过分平滑时要更换。

④取高处物品时应使用梯架。

⑤举笨重物品时，要用脚力，勿用背力。

⑥保持各种设备和用具完整无缺，有损坏的物件切不可再用，要立即报告送修。

⑦发现公共地段照明系统发生故障，必须马上报告立即修复，以免行人碰撞发生危险。

⑧在公共地段放置的工作车、吸尘器、洗地毯机等，应靠边停放，整理好电线，不能妨碍客人和员工行走。

⑨所有玻璃或镜子，如发现有破裂，必须立即报告，及时更换，暂不能更换的，也要用强力胶带贴上，以防坠下。

⑩清洗地毯、地板时，切勿弄湿电源插头和插座，小心触电。湿滑地面要有警告标示。

⑪盥洗间内及露天花园的地板、楼梯梯阶等不宜打蜡，以防滑倒。

⑫在玻璃门或窗上要贴上标志或色条，提醒宾客或员工，以免不慎撞伤。

⑬家具或地毯若有尖钉要马上拔除，以防刺伤他人，地板有坑洞或崩裂的，要立即修理。

⑭盥洗间热水龙头要有说明指示。

⑮清理破碎玻璃及此类物品时，要用垃圾铲，勿用手收拾，处理时应与一般垃圾分开。

⑯开关门时，必须用手按门锁，切忌按在门边。

⑰不要将燃着的香烟弃置在垃圾桶内。

⑱手湿时，切勿接触电器，防止漏电。

⑲经常留意是否有危险的因素。

⑳放置清洁剂、杀虫剂的仓库要与放食物、棉织品的仓库分开，并做明显的标示。

【教学实践】

组织调查酒店顾客对该酒店各种住宿安全设施的认识与意见，并利用所学知识对酒店的住宿安全控制与管理的相关问题进行讨论。

【本章自测】

1. 简述酒店住宿安全的各种表现形态。

2. 简述酒店住宿安全管理涉及的各个层面。

3. 简述酒店住宿安全控制与管理的内容。

4. 试述酒店住宿安全控制与管理的职业安全。

第6章
酒店娱乐安全
控制与管理

【学习目标】

本章要求学生掌握酒店娱乐安全的基本表现形态，并了解酒店娱乐安全中健身房、游泳池、洗浴中心、游乐园（场）、网络娱乐等的安全控制与管理。

【知识目标】

认识酒店娱乐安全的多种表现形态，熟记酒店娱乐安全控制与管理的基本方法。

【能力目标】

能有效发现酒店娱乐安全存在的问题，思考并提出基本的解决对策。

【关键概念】

酒店娱乐安全表现形态　酒店娱乐安全控制与管理

案例导入

一直以来，酒店因其经营的特殊性，在酒店娱乐方面存在诸多问题，而被很多市民视为"藏污纳垢"的场所，如聚众赌博、吸毒、卖淫等，对整个酒店业的声誉造成了恶劣影响。

2008年3月的一天，"开房！"一位男子走进重庆解放碑某酒店，身份证却被退了回来："你曾在我们酒店涉嫌吸毒，我们不欢迎你住店！"在"重庆主城区酒店消防与安全联谊会"上，解放碑某四星级酒店宣布推行"黑名单"制。该酒店清查了最近4年来入住的所有客人资料，清出了一批有不良记录的人，如将在酒店里有赌博、卖淫、吸毒等不良现象的人予以登记。当这些人再来时，前台电脑上就会有相关显示，从而拒绝其入店。"黑名单"制推出后，得到重庆主城14家四星级以上的酒店响应。"我们将制订专门网络，将各酒店有不良记录的客人信息互享，共同抵制这些人。"面对酒店自行推行的"黑名单"制度，主管部门市旅游局和警方表示赞许：酒店业得到规范，自动抵制一些社会不良现象。

6.1 酒店娱乐安全的表现形态

酒店娱乐安全主要有火灾，打架斗殴，偷窃、敲诈，黄、赌、毒，游乐设施安全事故以及网络娱乐安全事故 6 种表现形态。

6.1.1 火灾

现有娱乐场所尤其是歌舞厅、卡拉 OK 厅等，灯光昏暗，加之客人饮酒抽烟，火源往往较难发现和控制。一旦起火，因娱乐场所装修材料多为易燃材料，且都处地下层，通风能力弱，逃生与救援不便，从而较易酿成大祸。例如，2014 年河南省新乡市长垣县"12·15"一家 KTV 失火，火灾原因是员工违规使用电暖炉取暖，引爆空气清新剂引发大火。火灾造成 11 人死亡，28 人受伤，过火面积 123 m²，直接经济损失 957.64 万元；2020 年 4 月 26 日，台湾省台北市林森北路某 KTV 发生严重火灾，累计疏散 200 人（135 男，65 女），救出 156 人，55 人送医，其中 48 人受伤，7 人死亡；2018 年 4 月 24 日，广东省英德市茶园路某 KTV 发生火灾，造成 18 人死亡、5 人受伤；2003 年 2 月 20 日，美国罗得岛州西诺克车站娱乐部夜总会发生火灾，造成 96 人死亡，200 人受伤；2013 年 1 月 27 日凌晨，巴西圣玛利亚市某酒吧发生火灾，造成 233 人死亡，住院治疗 106 人。

6.1.2 打架斗殴

打架斗殴多发生在歌舞厅、卡拉 OK 厅、酒吧等娱乐场所，主要源于酗酒。娱乐场所内的打架斗殴容易殃及其他旅游者，不仅对旅游者造成身体伤害，也将使旅游娱乐企业蒙受财产和经济损失。

6.1.3 偷窃、敲诈

偷窃涉及旅游者的财产安全。因娱乐场所内的人员鱼龙混杂、光线昏暗和旅游者的放情娱乐等为不法分子创造了偷窃的条件，使偷窃者容易得手。旅游娱乐安全中的敲诈行为主要是指旅游娱乐企业业主对旅游者进行的"宰客"、"诱骗"、销售假货、以次充好等违规操作和违法经营现象。例如，2018 年 1 月 18 日，某四川游客在桂林市某 KTV 娱乐，被高价宰客，游客报警后，桂林市公安局警方办案发现该 KTV 已多次重犯，便衣民警侦查后，查封该 KTV。

6.1.4　黄、赌、毒

黄、赌、毒是指在旅游娱乐场所发生的卖淫、嫖娼、赌博、吸毒等严重损害人们身心健康的不法活动。黄、赌、毒不仅严重危害旅游者利益，而且妨碍旅游业的健康发展。卖淫嫖娼和吸毒主要发生在营业性歌舞娱乐场所。有的营业性歌舞娱乐场所的业主为了吸引旅游者，以色情或变相色情的方式引诱、陪随客人消费；或者以提供摇头丸、冰毒等毒品来吸引消费者，刺激客人的消费。娱乐场所的赌博现象经常是以带有赌博性质的娱乐方式来引诱旅游者上当的，并利用赌博心理使旅游者无法自拔而达到坑害旅游者的目的。例如，2020 年 12 月 31 日 18 时许，光明公安分局某派出所接到群众举报称，辖区一酒店内有人聚众赌博，警方迅速行动将房间内涉嫌聚众赌博的 17 人控制，现场收缴赌具扑克牌 3 副、涉赌资金 2 万余元。

6.1.5　游乐设施安全事故

游乐设施安全事故是旅游娱乐安全较为特殊的一种表现形态，指由娱乐场所的游乐设施设备原因而引发的安全事故。据国际游乐园景区协会（IAAPA）报道，美国每年平均发生游乐设施安全事故 4 600 次（指所有进医院治疗的事故），主要游乐设施之一的过山车正成为游乐园的头号杀手。例如，2017 年 7 月 26 日，美国一游乐设施发生严重事故，一排座锤摆正好摆动到空中时，椅子撞倒下面的栅栏，游客摔落致 1 死 7 伤；2016 年 12 月 31 日，美国加州游乐园发生事故，橙县诺氏草莓乐园（Knott's Berry Farm），有 21 名游客其中包括 7 名儿童，被困在了 40 m 高的游乐设备中。

我国的游园设施安全也不容乐观。主要存在经营管理主体安全责任不落实、游乐设施生产和运行管理不规范、小型游乐设施监管缺失、游玩者安全意识薄弱等问题，造成安全事故频发。大量的不合格游艺设施给日益增多的游客安全造成了威胁。中国游艺机游乐园协会的主任也指出，分散在各大公园里的零星游乐设施问题突出。有些游艺设施被个人承包，部分承包商选用了不合格的游艺设施，许多严重老化、锈蚀和残损的设施仍在使用之中。如 2018 年 4 月 21 日 15 时 20 分许，许昌市西湖公园大型游乐设施"飞鹰"在运行过程中，发生一起坠落事故，造成一名乘客坠亡，直接经济损失 120 万元。2019 年，针对近年来全国连续发生多起游乐场所和游乐设施安全事故，国务院安全生产委员会办公室下发的《关于加强游乐场所和游乐设施安全监管工作的通知》，要求深刻吸取事故教训，切实加强游乐场所安全管理工作，严防同类事故反复发生。

6.1.6　在线娱乐安全事故

中国互联网络信息中心发布的第47次《中国互联网络发展状况统计报告》显示，截至2020年12月，中国网民规模达9.89亿，手机网民规模达9.86亿。报告称，"近十亿网民构成了全球最大的数字社会"。智能手机的普及和移动互联网的快速发展，网络游戏、网络视频、在线电影、在线社群、各类空间直播等为了吸引更多的眼球都在争奇斗艳，游客在旅途中自然也离不开网络娱乐。正如许多国内的专家将互联网形容成另类麻将一样，我们放眼看到的是千篇一律的奇特景象：道德底线不断刷新，大家一起交友一起投票，去塑造自己的草根明星，到处都在恶搞——从文字、音频到视频，况且游客远离自己原来长期生活和工作的地方，脱离了周遭熟悉的人与事物，相对来说也就对自己的行为少了一层监督，道德警戒线有所放松，由于网络娱乐而引发的各类事故也增多。因此，网络娱乐已成为旅游安全中一个不容忽视的、新的安全隐患。

6.2　黄、赌、毒防控与管理

黄、赌、毒不仅危害人们身心健康，还危及旅游业的健康发展，必须加大对黄、赌、毒的打击与控制力度。

6.2.1　行业控制与管理

1）法规条文控制与管理

为维护社会治安秩序，净化市场，我国早对黄、赌、毒的防控作出明文规定。相关法规包括《中华人民共和国治安管理处罚法》《娱乐场所管理条例》《娱乐场所治安管理办法》《旅馆业治安管理办法》（公安部1987年11月10日颁布）。各相关法规对旅游业中黄、赌、毒现象也有相应的论述。例如，《旅游业治安管理办法》规定：严禁旅客将易燃、易爆、剧毒、腐蚀性和放射性等危险物品带入旅馆（第11条）；旅馆内，严禁卖淫、嫖宿、赌博、吸毒、传播淫秽物品等违法犯罪活动（第12条）；等等。

2）检查与打击

除国家每年举行的扫黄打非专项检查、打击黄、赌、毒的活动外，各旅游地公安部门、旅游部门还应联合起来，定期、不定期地对黄、赌、毒多发的娱乐场所进行突击检查，并对查出的、从事黄、赌、毒行为的个人或企业进行严重的打击与处罚。

6.2.2　旅游者禁黄、赌、毒教育与管理

1）禁止卖淫嫖娼与购买、贩卖淫秽物品的教育与管理

《中华人民共和国刑法》（以下简称《刑法》）第三百五十九条规定：引诱、容留、介绍他人卖淫的，处五年以下有期徒刑、拘役或者管制，并处罚金；情节严重的，处五年以上有期徒刑，并处重金。因此，要教育并禁止旅游者参与卖淫嫖娼不法行为。要防止一些不法业主打着娱乐的幌子，利用色情吸引客人，提供不正当服务，引诱旅游者卖淫嫖娼。同样，根据规定，对于携带、邮寄或贩卖淫秽物品者，不论是否以营利为目的，除没收其物品外，还应予以罚款，情节严重者送公安、司法机关依法惩处。因此，旅游者应加强自我保护意识，谨防走私、贩卖淫秽品的组织或个人，切不可参与其活动。旅游从业人员尤其是旅游娱乐业从业人员，应提高警惕，积极配合公安、司法机关，控制与防范旅游者参与淫秽物品的传播与贩卖行为。

2）禁赌、禁毒教育与管理

赌博、吸毒、贩毒均为违法行为。要教育旅游者防黄赌毒、禁黄赌毒，从消费源头上杜绝旅游娱乐中的黄、赌、毒现象。赌博对旅游者危害极大，要教育并控制和防止旅游者在旅游娱乐中参赌，导游人员和旅游娱乐从业人员必要时，可求助法律援助。导游人员和旅游娱乐业从业人员要告诫和提醒旅游者不要接受陌生人的烟支、毒品，以免染上毒瘾。发现贩毒和吸毒情况时，应及时向有关部门报告，以利于对贩毒分子的打击。

6.2.3　黄、赌、毒防控的实践经验

第一，要认真学习、借鉴衡阳经验，深入贯彻执行《娱乐场所管理条例》（以下简称《条例》）、《娱乐场所治安管理办法》把规范娱乐场所治安管理作为"三基一化"的重要内容，集中时间，集中精力，方能取得成效。

第二，要切实加大硬件设施整改和安防设施建设力度。

①歌舞娱乐场所包厢、包间内不得设置阻碍展现室内整体环境的屏风、隔扇、板壁等隔断，不得以任何名义设立任何形式的房中房。

②包厢、包间的门窗，距地面 1.2 m 以上应部分使用透明材质。透明材质的高度不小于 0.4 m，宽度不小于 0.2 m，能够展示室内消费者娱乐区域整体环境。

③营业时间内，不得遮挡歌舞娱乐场所包厢、包间门窗透明部分。

④歌舞娱乐场所应在营业场所出入口、消防安全疏散出入口、营业大厅通道、收款台前安装闭路电视监控设备。歌舞娱乐场所安装的闭路电视监控设备应符合视频安防监控系统的相关国家或行业标准要求。歌舞娱乐场所应设置闭路电视监控设备监控室，由专人负责值守，保障设备在营业时间内正常运行，不得中断、删改或挪作他用。

⑤营业面积 1 000 m² 以下的迪斯科舞厅应配备手持式金属探测器，营业面积超过 1 000 m² 以上的应配备通过式金属探测门和微剂量 X 射线安全检查设备等。

⑥迪斯科舞厅应配备专职安全检查人员，安全检查人员不得少于 2 名，其中女性安全检查人员不得少于 1 名。

⑦娱乐场所应在营业场所大厅、包厢、包间内的显著位置悬挂含有禁毒、禁赌、禁止卖淫嫖娼等内容的警示标志。警示标志应注明公安机关的举报电话。

⑧娱乐场所不得设置具有赌博功能的电子游戏机机型、机种、电路板等游戏设施设备，不得从事带有赌博性质的游戏机经营活动。

第三，要努力构建娱乐场所规范管理的长效机制。

①要建立健全娱乐场所治安管理责任制，落实责任追究。要将管理责任都落实到相关员工，严格实行责任追究，对不认真履行职责，工作失职、渎职造成娱乐场所"黄、赌、毒"等治安问题泛滥的，要坚决依照有关法规，严肃追究主管领导和员工失职失察责任。

②要强化日常治安检查。要建立和完善娱乐场所治安安全检查登记制度，及时发现和查处娱乐场所内发生的违法犯罪活动。要加强内外协作机制建设，与各级公安机关、文化、工商等部门协作配合，共同建立对娱乐场所的监督检查、警示和信息通报制度，形成工作合力。

③要加大对员工涉及娱乐场所违纪违规问题的查处力度，将员工队伍管理与管理责任的落实挂钩。

④娱乐场所对从业人员应实行实名登记制度，建立从业人员名簿，统一建档管理。

⑤营业期间，娱乐场所从业人员应统一着装，统一佩戴工作标志。着装应大方得体，不得有伤风化。工作标志应载有从业人员照片、姓名、职务、统一编号等基本信息。

⑥娱乐场所应安排保安人员负责安全巡查，营业时间内每两小时巡查一次，巡查区域应涵盖整个娱乐场所，巡查情况应写入营业日志。

⑦娱乐场所应按照国家有关信息化标准规定，配合公安机关建立娱乐场所治安管理信息系统，实时、如实地将从业人员、营业日志、安全巡查等信息录入系统，传输报送公安机关。

⑧娱乐场所营业面积在 200 m² 以下的，配备保安人员不得少于 2 名；营业面积每增加 200 m²，应相应增加保安人员 1 名。迪斯科舞厅保安人员应按照场所核定人数的 5% 配备。

⑨娱乐场所应与经公安机关批准设立的保安服务企业签订服务合同，配备已取得资格证书的专业保安人员，并通报娱乐场所所在辖区公安派出所。娱乐场所不得自行招录

人员从事保安工作。

⑩公安机关对娱乐场所进行分级管理，应按照公开、公平、公正的原则，定期考核，动态升降。公安机关建立娱乐场所治安管理信息系统，对娱乐场所及其从业人员实行信息化监督管理。

6.3 健身娱乐场所的安全控制与管理

6.3.1 健身房的安全控制与管理

1）健身活动安全

①健身房的场地空间净高不低于 2.6 m。器械练习区场地的地面为地毯、塑胶材料或木质厚台，地面平坦。集体练习区地面材料为木地板或地毯，且地面平坦，有一定弹性。

②健身房的健身器材应符合《健身器材的安全　通用要求》（GB 17498.1—2008）的要求，器材质量稳定，安全可靠，整洁卫生。

③健身房设施、设备布局合理，健身房内标志用公共信息符号符合《标志用公共信息图形符号　第 1 部分：通用 符号》（GB/T 10001.1—2006）的要求。

④健身房从事运动技能传授及指导咨询的人员应持有体育社会指导员证书（健身类或者健美操类）。国家规定的特殊工种从业人员应取得有关部门核发的相应的职业资格证书。

⑤健身房应保证所提供的健身服务符合保障健身人员人身财产安全的要求。器材醒目处张贴有器材名称、具体用途、使用说明或图示。对使用不当、容易造成器材损坏或可能危及人身财产安全的器材、设施等应作出真实的说明和明确的警示，并说明正确使用的方法，以防止危害发生。

⑥健身房的管理者须对场地、设施、器材进行定期检查，保证其符合安全要求。

⑦健身房管理者有权禁止酗酒人员、有疾病者参与健身活动，在非吸烟区内严禁吸烟。

⑧健身房的活动人数不得超过核定人数，地上场所人均活动面积不少于 3 m²/ 人；地

下（半地下）人均活动面积不少于 4 m²/ 人，达到核定人数应采取限制措施。

2）健身房公共卫生安全

①健身房要严格执行国务院《公共场所卫生管理条例》《体育馆卫生标准》以及现行《体育馆卫生标准》的要求，取得"卫生合格证"并设专人负责落实本单位的公共卫生管理制度。

②健身房要加强室内通风换气，应保持室内空气新鲜无异味，有机械通风装置的新风量不低于 20 m³/（人·h），并定期对空调系统进行清洗消毒。

③健身房内外环境噪声应符合《声环境质量标准》（GB 3096—2008）的要求。

④健身房的器材、场地、更衣室（柜）、淋浴室、卫生间等公共场所要保持清洁，定期进行消毒。对经营性健身房的健身器械要做到每两小时消毒一次，每天不少于 4 次。

⑤健身房卫生标准，符合《公共场所卫生管理规范》（GB 37487—2019）、《公共场所卫生指标及限值要求》（GB 37488—2019）、《公共场所设计卫生规范　第1部分：总则》（GB 37489.1—2019）的要求；健身房是地下空间的，其室内空气质量应符合《人防工程平时使用环境卫生要求》（GB/T 17216—2012）的要求，见表6.1。

⑥健身房所提供的生活饮用水应符合《生活饮用水卫生标准》（GB 5749—2006）的要求。

表 6.1　健身房卫生标准

项　目	单　位	项目标准值
温度	℃	16 ~ 20
相对湿度	%	40 ~ 65
空气细菌总数	CFU/m³	≤ 4 000
风速	m/s	<0.5
噪声	dB	<55（A 计权）
新风量	m³/（人·h）	≥ 20
二氧化碳	%	≤ 0.15
一氧化碳	mg/m³	≤ 10
可吸入性颗粒物	mg/m³	≤ 0.15
甲醛	mg/m³	≤ 0.10
苯	mg/m³	≤ 0.11
甲苯	mg/m³	≤ 0.20
二甲苯	mg/m³	≤ 0.20
臭氧	mg/m³	≤ 0.16

续表

项　目	单　位	项目标准值
总挥发性有机物	mg/m³	≤ 0.60
氡	Bq/m³	≤ 400
氨	mg/m³	≤ 0.20
硫化氢	mg/m³	≤ 10

3）治安消防安全

①健身房应依法设置安全管理机构，配备专（兼）职安全管理人员和治安保卫人员，并按健身活动人员每 100 人至少配置 1 名专（兼）治安保卫人员（不足 100 人按 100 人计算）。

②健身房的建设、施工和内部装修，应符合《建筑内部装修设计防火规范》（GB 50222—2017）和有关建筑内部装饰装修防火管理的有关规定。

③健身房不许设置在地下二层及二层以下。地下半地下活动地面与室外出口地坪的高差不得超过 10 m，安全出口应不少于 2 个。

④健身房安全出口数目、疏散宽度和距离应符合国家有关建筑设计防火规范的规定。安全出口处不得设置门槛、台阶，疏散门应向疏散方向开启，不得采用卷帘门、转门、吊门和侧拉门，门口不得设置门帘、屏风等影响疏散的遮挡物。疏散出口和疏散走道的最小净宽均不得小于 1.40 m；疏散出口的门内、门外 1.40 m 范围内不应设踏步，在使用时必须确保安全出口和疏散通道畅通，严禁将安全出口上锁、阻塞。

⑤健身房的安全出口、疏散通道和楼梯口应设置符合标准的灯光疏散指示标志，疏散指示标志应设在门的顶部、疏散通道和转角处距地面 1 m 以下的墙面上，并保持标准的明显连续，其间距不大于 20 m。疏散用的应急照明，其地面最低照度不应低于 0.5 lx，照明供电时间不得少于 20 min，应急照明应设在墙面或顶棚上；疏散观众的楼梯、通道、场门应安装事故应急照明灯和疏散指示标志，其事故照明供电时间不得少于 20 min，照度不低于 1 lx。

⑥健身房应在人员沿线、人员出入口、逃生口等处配置两具不小于 3 kg 的手提式干粉灭火器。手提式干粉灭火器的配置水平间距不应大于 50 m。

⑦健身房按照国家工程建筑消防技术标准的规定需要设置火灾自动报警、自动喷水灭火系统、消火栓等消防设施、器材和配置逃生器材的，应按照规定设置、配置。配置的消防设施和器材、设置的安全消防标志应定期进行检验、维护，确保消防设施、器材及标志完好、有效。

⑧健身房应按照有关规定，结合自身的实际情况，制订并完善火灾扑救、应急疏散、

处置突发事故等应急预案，并进行预案演练，预案演练每半年必须进行一次。有关负责人和从业人员能够掌握预案内容，履行预案规定的岗位职责。

⑨健身房在发生突发事件时按突发事件等级，应能安全、有序、迅速地将健身人员疏散到安全地带。

⑩健身房应对从业人员进行安全教育和培训。特种作业人员按照国家有关规定，经专门安全作业培训，取得特种作业操作资格证书。室内活动场所应至少每半年进行一次全员消防安全培训。培训内容应包括防火知识、扑救初期火灾以及逃生自救的基本知识和技能，组织、引导在场群众疏散的知识和技能等。

⑪健身房在开放期间应安排专职人员至少每两小时进行一次消防安全巡查，并做好检查记录。巡查区域要有明确的划分，巡查内容要有明确的要求，及时发现和整改火灾隐患，并做好巡查和整改记录。在每日营业结束后，确定专人对场所进行检查，及时清理人员，消除遗留火种，检查电源；需值班的，应明确专人值班，值班人员不得擅自脱离岗位。

⑫健身房电线、插头插座、空调等属强制认证产品的，应具有"3C"标志。

⑬健身房电气线路的敷设、电气设备的安装必须符合《电气工程安装标准》及《北京市电气防火检测技术规范》（DBJ 11/065—2000）。

6.3.2 游泳池的安全控制与管理

1）游泳池的设施设备安全要求

室内已建成的人工游泳池（单个池）水面面积不小于 25 m²；新建人工游泳池（单个池）水面面积不小于 100 m²。

①游泳池壁及池底必须光洁，不渗水，呈浅色，建筑质量符合国家建筑规范要求，使用的建筑材料符合《建筑材料放射性核素限量》（GB 6566—2010）要求。池面有明显的水深度、深浅水区警示标志，或标志明显的深、浅水隔离带。浅水区水深不得超过 1.2 m。水面面积在 500 m² 以下的游泳池至少设有两个出入水池扶梯，水面面积在 2 000 m² 以上的游泳池至少设有 4 个出入水池扶梯。游泳池四周铺设有防滑走道，地表面静摩擦系数不小于 0.5。游泳池与防滑走道之间设排水沟。游泳池内排水口设有安全防护网。

②有沉淀吸污设备或自动水循环过滤、消毒、吸底设备，其设备须有国家产品质量监督检测部门鉴定的合格证书。

③游泳池水面光照度不低于 80 lx，照明设备距离水面高度不低于 5 m。开放夜场须有足够的应急照明灯。

④有分设的男、女更衣室，并配有存放衣物的设施。分设男、女淋浴室，其淋浴喷头数量与可容纳游泳人员的数量相适应，其地表面的静摩擦系数不小于 0.5。

⑤有男、女厕所，其厕位数量应与可容纳游泳人员的数量相适应。

⑥更衣室与游泳池走道中间设有强制通过式浸脚消毒池。更衣室与游泳池走道中间设有强制喷淋设备，男、女各一套，每套喷头数量不少于 4 个，其喷头喷出的水不能进入浸脚消毒池中。

⑦更衣室与游泳池中间的走道地表面的静摩擦系数不小于 0.5。

⑧有符合建筑规范的人员出入口及疏散通道。室内游泳场所须有通风设施，且室内空气卫生符合《室内空气中细菌总数卫生标准》（GB/T 17093—1997）、《公共场所卫生指标及限值要求》（GB 37488—2019）的要求。

⑨有广播设施，有专用直拨电话。

⑩有各类公共标志，并符合《标志用公共信息图形符号　第 1 部分：通用符号》（GB/T 10001.1—2006）的要求。

室外游泳池水域面积应不小于 1 000 m²。

①设有危险区域的标志和有效的安全防护网。岸上活动区公共指示用标志应符合《标志用公共信息图形符号　第 1 部分：通用符号》（GB/T 10001.1—2006）的要求。

②游泳区水面光照度能够满足救生安全需要。

③有能够监视整个游泳区的指挥（瞭望）台，有广播、通信设施。

④有分设的男、女更衣室，并配有存放衣物的设施。设有男、女淋浴室，其淋浴喷头数量与可容纳游泳人员的数量相适应，其地面的静摩擦系数不小于 0.5。

⑤设有男、女厕所，其厕位数量应与可容纳游泳人员的数量相适应。

⑥设有宽度不小于 1.5 m 的人员疏散通道。设有宽度不小于 1.5 m 的人员出入口。

⑦有专用直拨电话。

⑧有各类公共标志，并符合《标志用公共信息图形符号　第 1 部分：通用符号》（GB/T 10001.1—2006）的要求。

2）游泳池的消毒安全管理

游泳是集娱乐与健身于一体的体育运动。由于人体在游泳与浸泡的过程中，体表会有大量脏物及分泌物脱落溶解于水中，水的卫生状况必将对游泳群体的健康构成威胁，因此，必须加强卫生管理与消毒杀菌等处理措施。

（1）加强对游泳者公共卫生健康意识的教育与管理

教育并提醒游泳者，不仅要懂得自我保护，还要维护公共卫生。作为自身游泳的场所，严禁在游泳池内小便，以保障尿素指标的达标。教育游泳者在入池前应对全身尤其是头发、脸部和下身进行冲洗，以减少或避免各类化妆品、护肤品、发胶以及体表的汗液、皮毛、头发、头屑等污染物进入泳池内，从而减轻池水的污染负荷，以保证较好的水质。加强泳帽与泳衣的管理，严禁在游泳场所出租泳衣泳帽。管理者应及时发现并制止在池内不戴泳帽的现象，并对泳帽的正确佩戴方法给予指导，从而对游泳者起到护发与保护头皮之功效，同时可避免脱发与头屑落入池中引起的污染。还应及时制止在池岸上进行搓身的不良行为。

（2）加强强制淋浴与浸脚消毒池的管理

强制淋浴的作用除防止游泳者直接入池后因身体突然变冷而感觉不适与发生抽筋等安全事故外，还有洗净游泳者入池前身体之作用（在夏季更为显著）。浸脚消毒池是为了避免脚气等传染性疾病入池而设置的，在管理过程中必须保证其消毒能力与流通性。

（3）加强池水的消毒杀菌处理

即使对游泳者入池前严格采取了前述各项措施，但游泳者在游泳过程中仍会不可避免地从毛孔、皮肤等处分泌出各种排泄物。而在管理不严，少数游泳者公共道德素质不高的情况下，更会将各种细菌与病毒带入池内。对此，如不采取有效措施，就可能成为五官科炎症、消化器官疾病、皮肤病、伤寒甚至淋病、梅毒、霍乱等病的传染源和发病的温床。因此，对池水进行严格的消毒杀菌，是防止各种疾病的传播、保障游泳者健康与池水水质所必需的重要环节，特别是在夏季人多杂乱的情况下，管理者必须对此引起高度的重视。

（4）及时清扫场馆内的卫生并做定期消毒处理

游泳池营业结束后，应及时刷洗游泳池池壁与池岸以及溢流槽；放空并清洗强制淋浴通道和浸脚池，并换上具有消毒能力的新水；清洗更衣室、淋浴间、厕所及通道等。采取一定的消毒措施，杜绝细菌的存活与繁殖，以减少次日开场时被游泳者带入泳池内造成的污染。在夏季，游泳场馆的灯光应为冷色光，并保证良好的通风，以免助长细菌和藻类的繁殖污染。

3）游泳池的救生应急预案

（1）目的

加强游泳池救生人员的管理，不断提高水上救生的业务能力和责任感，保证水上救生工作的质量，有效地保证游泳人员的人身安全。

（2）职责

①游泳池救生员负责对溺水客人救生工作的具体操作。

②游泳池必须配备游泳救生员，救生员必须取得体育经营活动游泳救生员职业资格证书并持证上岗。

③娱乐部为本预案的第一责任部门，经理必须及时赶赴一线指挥。

④保安部负责协助事故处理，为本预案的第二责任部门。

⑤康乐部经理负责对本预案进行审定和对执行情况进行监督。

（3）方法和过程控制

一般性溺水，由抽筋引起，溺水者意识清醒时的救生应急预案：

①救生员发现溺水情况时，抛下救生圈进行救助，并用救生杆帮助拖至岸边抢救。

②救生员判断溺水者意志清醒，辨明溺水原因为抽筋引起时，救生员将溺水者平坐在地面上，用右手扳住溺水者脚撑，下压、左右晃动脚撑。

③待情况好转后将溺水者扶至岸边休息，进行心理安抚，并简单介绍游泳常识。

严重溺水，由多种原因引起，溺水者失去意识时的救生应急预案：

①救生员发现溺水者惊慌失措，逐渐下沉；救生员在接近溺水者的地方使用"跨步式下水法"跳下水组织营救。

②救生员头部须始终保持在水面上，眼睛始终不离开赴救目标，快速接近溺水者。

③在距离溺水者2 m的位置稍停，观察溺水者使自己处于有利的位置（溺水者身后），靠近溺水者。

④采用反蛙泳、双手腋下拖带法将溺水者拖至岸边。

⑤救生员根据溺水者的情况采用压手上岸法将溺水者拉上岸，救生员将溺水者救上岸后，放在坚硬平整的地面上，救生员根据溺水者的情况判断溺水者意志是否清醒，确认溺水者意志清醒，记录下当时时间。

⑥溺水者意志不清醒时救生员须要求前台人员马上拨打120急救电话，判断依据为溺水者胸部及上腹有无起伏，溺水者口、鼻有无呼吸的气流声。救生员用面颊感觉溺水者有无气息吹拂面颊感，判断时间为3～5 s。

⑦康乐部员工协助救生员疏导其他客人上岸，前台人员拨打120电话后，立即上报娱乐部经理，并联系车场保安到路口迎接、引导120救护车，康乐部经理立即赶到现场组织抢救并上报分管副总经理，救生员帮助溺水者排出喝下去的水，救生员对溺水者的脉搏、呼吸、瞳孔3个基本生命指征进行观察，然后采取人工呼吸等抢救措施，进行口对口吹气，使胸廓部起伏，吹气量：800～1 200 cc，吹气频率：12次/min，检查颈动脉是否有起伏。

⑧如人工呼吸作用不明显，应立即使用心肺复苏法对溺水者进行救治，方法如下：按压部位，儿童：两乳头连线的中心与胸骨中线交叉下方1横指处。成人：胸骨中1/3段与下1/3段交界处。按压深度：4～5 cm。单人操作心肺复苏进行胸外心脏按压15次并做人工呼吸两次，需在30～50 s内完成。

⑨120急救车赶到现场后，康乐部员工、救生员须立即协助医务人员将溺水者送上急救车，同时向医务人员讲明溺水时间、抢救方法等必要信息。

⑩康乐部经理及救生员须随同前往医院并及时通知溺水者家属，详细记录情况，填写"突发事件处理记录表"。

6.3.3　洗浴中心的安全控制与管理

1）洗浴安全制度

洗浴经营企业要制订、完善各项安全制度，安全制度应包括：

①安全生产教育和培训制度；

②安全生产检查制度；

③具有较大危险因素的生产经营场所、设备和设施的安全管理制度；

④危险作业管理制度；

⑤劳动防护用品配备和管理制度；

⑥安全生产奖励和惩罚制度；

⑦事故报告和处理制度；

⑧其他保障安全生产的规章制度。

2）洗浴消防安全

①全体员工都应掌握保证顾客洗浴安全的有关知识和防范措施，熟知必要的消防安全知识，会报火警，会使用灭火器材，会组织人员疏散，了解安全出口和疏散通道的位置以及本岗位的应急救援职责。

②新职工上岗前必须进行消防安全培训；特种工种要依法取得作业资质，持证上岗。

③经营场所应配备报警装置、应急广播、指挥系统和应急照明设施。应急广播和报警装置应涵盖演艺厅、雅间、KTV包房等所有部位，并确保完好、有效，保证在火灾发生初期，安全引导人员疏散。

④设有10个以上的雅间、包房、休息间等单个经营房间的，应在每个房间设置报警装置和安全逃生路线图。

⑤经营场所应按照《建筑灭火器配置设计规范》（GB 50140—2005）配置灭火器材，设置报警电话，保证消防设施、设备完好有效，每年至少进行一次全面的检查测试，发现问题，应立即进行修复。

⑥经营场所一个厅、室的建筑面积大于80 m²，安全出口应不少于两个。安全出口处不得设置门槛、台阶，疏散门应向疏散方向开启，宽度不得小于1.4 m。门口不得设置屏风等影响疏散的遮挡物。在疏散通道、安全出口1 m内禁止摆放物品。在营业期间，禁

止封堵或锁闭疏散通道和安全出口。

⑦主要疏散路线的顶部、地面或靠近地面 1 m 以下的墙面，应设置符合国家规定的灯光疏散指示标志。安全疏散指示标志的间距不应大于 20 m，并保证疏散标志明显、连续。疏散用的应急照明，其最低照度不应低于 0.5 lx，照明供电时间不得少于 20 min。

⑧凡建筑面积大于 3 000 m² 的经营场所，均应设置火灾自动报警系统、自动喷水灭火系统。设置在地下建筑面积大于 500 m² 的经营场所，均应设置火灾自动报警系统、自动喷水灭火系统和消防防烟、排烟设施。

3）洗浴特种设备安全

①经营场所使用特种设备，例如，按摩浴缸、冲浪缸、自动淋浴、蒸气房等，应至少每月自行检查一次，并作记录。

②锅炉安装符合国务院《特种设备安全监察条例》和质监部门的有关规定，各有关证件齐全。不得擅自拆装、移动锅炉设施或改变锅炉结构及功能。锅炉与洗浴区的间距、布局及防爆墙设施等应符合安检和质监部门的规定。

③洗浴经营场所使用特种设备的，应建立特种设备安全技术档案。安全技术档案应包括以下内容：特种设备的设计文件、制造单位、产品质量合格证明、使用维护说明等文件以及安装技术文件和资料；特种设备的定期检验和定期自行检查的记录；特种设备的日常使用状况记录；特种设备及其安全附件、安全保护装置、测量调控装置及有关附属仪器仪表的日常维护保养记录；特种设备运行故障和事故记录。

6.3.4　游乐园（场）的安全控制与管理

现在不少度假酒店都配备了游乐园（场），就地理位置、设施设备、目的而言，游乐园（场）是游览与娱乐的混合体。在游乐园（场）里，有些娱乐项目如碰碰车、碰碰船、水上自行车，娱乐的成分大于游览的成分；而观光缆车、索道等项目游览的成分又大于娱乐的成分。根据国标《游乐园（场）服务质量》（GB/T 16767—2010）的描述，游乐园（场）是指以游乐设施为主要载体，以娱乐活动为重要内容，为游客提供游乐体验的合法经营场所。国标明确规定了游乐园（场）的娱乐目的，因此，我们把游乐园（场）安全管理归为娱乐安全管理。根据这一标准，水上世界也属游乐园（场）中一个专门的类别，是专供游客游泳或嬉水等水上游乐活动的场所。

1）游乐园（场）安全管理标准与法规条例

安全管理标准与法规条例是游乐园（场）安全管理的基础与保证。我国制定的与游乐园（场）安全管理相关的标准、法规条例主要有：

①《游乐园（场）服务质量》（GB/T 16767—2010）。

②《游乐设施安全防护装置通用技术条件》（GB 28265—2012）。

③《游乐设施安全使用管理》（GB/T 30220—2013）。

④《小型游乐设施安全规范》（GB/T 34272—2017）。

⑤《大型游乐设施安全规范》（GB 8408—2018）。

⑥《充气式游乐设施安全规范》（GB/T 37219—2018）。

2）安全管理法规条例

①2013年6月29日，中华人民共和国主席令第四号令签发《中华人民共和国特种设备安全法》，自2014年1月1日起施行。对生产（包括设计、制造、安装、改造、修理）、经营、使用、检验、检测和特种设备安全的监督管理进行了规范，明确了法律责任、事故的应急救援和调查处理的相关事项。

②《特种设备安全监察条例》于2003年2月19日国务院第68次常务会议通过，自2003年6月1日起施行，根据2009年1月24日《国务院关于修改〈特种设备安全监察条例〉的决定》修订。该规定对游乐园（场）设备管理、安装、维修保养、改造、定期检验、事故后救援、违规操作等都做了详细规定，可操作性强。

3）游乐园（场）的安全控制与管理

（1）游乐园（场）的安全控制与管理的任务及内容

①树立安全第一，预防为主的思想。

②确保游客生命财产安全。

③配备必要的、充足的、有效的各项安全设施设备，确保游艺机和游乐设施安全运营。

④建立健全各项安全管理制度、安全操作规程，并确保严格执行。

⑤建立完整的游艺机和游乐设施维修、保养和专人、专职负责制度。

（2）服务设施设备的安全控制与管理

①游乐设施设备的安全控制与管理。游艺机、游乐设施、水上游乐设施购置、安装、使用、管理应严格按国标《大型游乐设施安全规范》（GB 8408—2018）、《游乐园（场）服务质量》（GB/T 16767—2010）、《游乐设施安全防护装置通用技术条件》（GB 28265—2012）及国家有关部门制定的游艺机、游乐设施安全监督管理规定和水上世界安全卫生管理办法等有关规定执行。使用这些设备应取得技术检验部门验收合格证书。游艺机产品质量是游乐安全的保证。游艺机研制必须遵守国家游乐设施安全标准和相应的游艺机通用技术条件。新产品试制完成后，经评审、检测合格后才能投入使用，运行半年以上，证明其性能符合使用要求和有关标准，可提出领取生产许可证申请。领证须经技术鉴定和国家游艺机质量监督检验中心检测合格。游乐园（场）在引入游艺机时，要特别

关注产品应具有生产许可证，杜绝无生产许可证产品进入游乐园（场），危及游客的人身安全。

②服务接待设施设备。各种服务接待设施设备要状态正常、性能良好。场内要通风良好，要有紧急疏散游客的出口通道，并按相应国标设置紧急出口标志。照明条件必须符合中华人民共和国国家标准《建筑照明设计标准》（GB 50034—2013）的规定。此外，还应酌情配备保险箱（柜）；设置贵重物品保管；行李保管处应向游客公布保管须知。

③医疗急救设施。游乐园（场）应设置为游客服务的医务室，医务室位置要合理，标志要明显；医务室应备有常用救护器材，能应付突发事故中伤病员的急救工作；医务室应配备具有医士职称以上资格的医生和训练有素的护理人员，能为游客进行一般性突发病痛的诊治和救护。

④安全标志。游乐园（场）应有明显的安全标志，必须做到：在与安全有关的场所和位置，应按《安全标志及其使用导则》（GB 2894—2008）设置安全标志；安全标志应在醒目的位置设立，清晰易辨，不应设在可移动的物体上，以免这些物体位置移动后，看不见安全标志；各种安全标志应随时检查，发现有变形、破损或变色的，应及时整修或更换；室内项目要有醒目的入口及出口标志。

（3）安全管理制度与安全控制措施

①安全管理制度。游乐园（场）应建立健全各项安全管理制度，包括安全管理制度、游乐园（场）全天候值班制度、定期安全检查制度和检查内容要求，游艺机乐项目安全操作规程、水上游乐安全要求及安全事故登记和上报制度等。

②安全管理措施。设立完善高效的安全管理组织与机构（安全委员会），明确组织内各级、各岗位人员的安全职责；开展经常性的安全培训和安全教育活动；定期组织全游乐园（场）按年、季、月、节假日前和旺季开始前的安全检查；建立安全检查工作档案。每次检查要填写档案，检查的原始记录由责任人员签字存档。

③员工安全管理制度与措施。员工安全管理，包括未持有专业技术上岗证的，不得操作带电的设备和游艺设施；员工应着装安全；高空或工程作业时必须佩戴安全帽、安全绳等安全设备，并严格按章作业；员工在工作过程中应严格按照安全服务操作规程作业；工作区域内保持整洁，保证安全作业。

④游客安全管理制度与措施。在游乐活动开始前，应对游客进行安全知识讲解和安全事项说明，指导游客正确使用游乐设施，确保游客掌握游乐活动的安全要领；某些游乐活动如有游客健康条件要求或不适合某种疾病患者参与的，应在该项活动入门处以"警告"方式予以公布；在游乐过程中，应密切注视游客安全状态，适时提醒游客注意安全事项，及时纠正游客不符合安全要求的行为举止，排除安全隐患；如遇游客发生安全

意外事故，应按规定程序采取救援措施，认真、负责地做好善后处理。

⑤安全设施的控制与管理制度和措施。各游乐场所、公共区域内均应设置安全通道，时刻保持畅通；各游乐区域，除封闭式外，均应按《大型游乐设施安全规范》（GB 8408—2018）的规定设置安全栅栏；严格按照消防规定设置防火设备，配备专人管理，定期检查设置报警设施，并按《消防安全标志》（GB 13495.1—2015）设置警报器和火警电话标志；露天水上世界应设置避雷装置；应有残疾人安全通道和残疾人使用的设施；配备处理意外事故的急救设施设备。

⑥设备安全控制及管理措施。游乐园（场）的设备安全控制与管理措施包括：加强安全检查，除进行日、周、月、节假日前和旺季开始前的例行检查外，设备设施必须按规定每年全面检修一次，严禁设备带故障运转；要认真执行日运营前的例行安全检查，建立安全检查记录制度。没有安全检查人员签字的设施、设备不能投入营业；详细做好安全运行状态记录。严禁使用超过安全期限的游乐设施、设备载客运转；凡遇有恶劣天气或游艺、游乐设施机械故障时，须有应急、应变措施。由此停业时，应对外公告；配备安全保卫人员，维护游乐园（场）游乐秩序，制止治安纠纷；游乐园（场）全体员工须经火警预演培训和机械险情排除培训，要能熟练掌握有关紧急处理措施。

（4）安全作业要求与管理

①游艺机和游乐设施日常运营要求与管理。每天运营前须做好安全检查。营业前试机运行不少于两次，确认一切正常后，才能开机营业。营业中的安全操作要求：向游客详细介绍游乐规则、游艺机操纵方法及有关注意事项，谢绝不符合游艺机乘坐条件的游客参与游艺活动。引导游客正确入座高空旋转游艺机，严禁超员，不偏载，系好安全带。维持游乐、游艺秩序，劝阻游客远离安全栅栏，上下游艺机秩序井然。开机前先鸣铃，确认无任何险情时方可再开机。游艺机在运行中操作人员严禁擅自离岗。密切注意游客动态，及时制止个别游客的不安全行为。营业后的安全检查：整理、清扫、检查各承载物、附属设备及游乐场地，确保其整齐有序，清洁干净，无安全隐患。做好当天游乐设备运转情况记录。

②游艺机和游乐设施的维护与保养。游艺机和游乐设施要定期维修、保养，做好安全检查。安全检查分为周、月、半年和1年以上4种检查类型。

（5）水上世界安全控制与管理措施

水上世界属于游乐园（场）中的一个转向，水上世界的安全控制与管理措施包括：

①应在明显的位置公布各种水上游乐项目的《游乐规则》，广播要反复宣传，提醒游客注意安全，防止意外事故发生。

②对容易发生危险的部位，应有明显的提醒游客注意的警告标志。

③各水上游乐项目均应设立监视台，有专人值勤，监视台的数量和位置应能看清全部水域的范围。

④按规定配备足够的救生员。救生员须符合有关部门规定，经专门培训，掌握救生知识与技能，持证上岗。

⑤水上世界范围内的地面，应确保无积水、无碎玻璃及其他尖锐物品；随时向游客报告天气变化情况。为游客设置避风、避雨的安全场所或具备其他保护措施。

⑥从业人员应熟悉场内各区域场所，具备基本的抢险救生知识和技能。

⑦设值班室，配备值班员；设医务室，配备具有医士职称以上的医生和经过训练的医护人员及急救设施。

⑧安全使用化学药品，每天营业前对水面和水池底除尘一次；凡具有一定危险项目的设施，在每日运营前要经过试运行。

⑨每天定时检查水质，用水的安全、卫生和水质的标准应符合《大型游乐设施安全规范》（GB 8408—2018）、《公共场所卫生指标及限值要求》（GB 37488—2019）、《生活饮用水卫生标准》（GB 5749—2006）《公共场所卫生管理规范》（GB 37487—2019）和水上世界安全卫生管理办法的规定。

6.3.5　网络娱乐安全管理

1）加强网络文化建设和管理，营造良好的网络环境

当前，以互联网为代表的网络信息技术日益成为创新驱动发展的先导力量，推动社会生产力发生了新的质的飞跃。互联网已融入社会生活的方方面面，深刻地改变了人们的生产和生活方式。网信事业要发展，必须贯彻以人民为中心的发展思想。要适应人民期待和需求，加快信息化服务普及，降低应用成本，为老百姓提供用得上、用得起、用得好的信息服务，让亿万人民在共享互联网发展成果上有更多获得感。"让互联网发展成果惠及13亿中国人民""没有网络安全就没有国家安全""要紧紧牵住核心技术自主创新这个'牛鼻子'""深化国际合作，建立多边、民主、透明的国际互联网治理体系"……党的十八大以来，习近平总书记高度重视网络安全和信息化工作，从信息化发展大势和国际国内大局出发，就网信工作提出了一系列新思想、新观点和新论断。

中共中央总书记胡锦涛在十七大报告中强调，要"建设和谐文化，培育文明风尚"。和谐文化是全体人民团结进步的重要精神支撑，以网络管理来说，就是加强网络文化建设和管理，营造良好网络环境。加强网络文化建设和管理，是发展社会主义先进文化、满足人民群众日益增长的精神文化需求的迫切需要，是占领思想文化阵地、促进社会稳定和谐的迫切需要，是顺应人民群众强烈愿望、保护青少年身心健康的迫切需要，是树

立国家良好形象、增强国家文化软实力的迫切需要，同样，也是发展旅游事业的需要。围绕游客旅游的各项需求，加强旅游文化介绍，提供更多更好的网络旅游文化产品和服务；加强网上旅游舆论引导，巩固发展积极健康向上的主流舆论；加强在线旅游预订建设，打造具有广泛影响的网上预订平台；加强网络旅游娱乐建设，创造文明健康的网上精神家园，最大限度地发挥各种积极能动作用，最大限度地化解消极影响，确保网络文化健康发展。针对直播等新型传播形式的出现，2021年2月9日，国家互联网信息办公室等七部门出台《关于加强网络直播规范管理工作的指导意见》。2017年10月8日，国家互联网信息办公室发布的《互联网用户公众账号信息服务管理规定》，对规范公众账号传播秩序、促进公众账号信息服务健康发展发挥着积极作用。

2）加强网络应急队伍建设，不断提高网络安全应急处置能力

网络娱乐不可避免地带来了某些消极后果，网上的黑客病毒攻击就是其中之一，它带来的危害传播速度快、破坏性强、影响面广。2014年2月27日，习近平主持召开中央网络安全和信息化委员会第一次会议时强调"没有网络安全就没有国家安全，没有信息化就没有现代化。"为了保障旅游网络娱乐健康发展，必须采取切实有效的措施，不断提高网络安全应急处置能力，有效防范和应对各种网络安全问题。要进一步加强网络安全技术平台建设，实现对网络安全运行情况的全方位监控，提高网络安全事件的异常发现能力和数据分析能力，确保骨干通信网络和重要信息系统安全可靠。不断完善网络安全治理体系，确保关键信息基础设施供应链安全，维护国家安全，依据《中华人民共和国国家安全法》《中华人民共和国网络安全法》，2020年4月13日，国家互联网信息办公室制定了《网络安全审查办法》，确保关键信息基础设施供应链安全，维护国家安全。网络安全应急处理能力关键靠人才队伍建设，2016年4月19日，习近平在网络安全和信息化工作座谈会上的讲话指出"得人者兴，失人者崩"。网络空间的竞争，归根结底是人才的竞争。建设网络强国，没有一支优秀的人才队伍，没有人才创造力迸发、活力涌流，是难以成功的。念好了人才经，才能事半功倍。要健全和完善网络安全应急预案，加强预案演练，增强针对性、实效性，不断提高应急处置能力和协调处理能力，确保在网络安全紧急事件发生时能够准确判断、快速反应和有效应对，尽可能地避免或减少网络安全突发事件对旅游发展带来的影响和破坏。2007年6月21—22日，"国家计算机网络应急技术处理协调中心应急服务支撑单位改选评审会"在吉林省延吉市成功举办，标志着CNCERT/CC应急服务支撑单位改选工作圆满结束。经过历时近两天的企业答辩和专家评审，共评选出8家"CNCERT/CC国家级应急服务支撑单位"和26家"CNCERT/CC省级应急服务支撑单位"，为进一步提高我国公共互联网应急处理能力提供了技术和资源保障。

3）提倡绿色上网，构建和谐网络

全球范围内，网络娱乐安全问题日渐突出，特别是网上虚假、色情等不良信息的传播、泛滥，严重败坏了社会风气，极大地影响了旅游业的健康成长，已成为世界各国共同面对的难题和挑战。作为电信行业主管部门，信息产业部已经开始高度重视网络环境建设和标准化工作。为了进一步净化网络环境，促进网络文明，全国启动了以"倡导网络文明、构建和谐环境"为主题的"阳光绿色网络工程"系列活动，发动各方面的力量，按照"疏堵并重，破立结合"的原则，旗帜鲜明地向所有不文明的网络行为宣战。系列活动围绕强化政府监管、规范市场秩序、开展宣传教育、引导行业自律4个方面，督促广大电信运营企业强化信息安全意识和社会责任感，引导和帮助广大网民培养文明上网的习惯，进而在全社会的共同参与下，积极构建健康和谐的网络娱乐环境，已取得阶段性的成果。

互联网虽然是无形的，但运用互联网的人们都是有形的，互联网是人类的共同家园。让这个家园更美丽、更干净、更安全，是国际社会的共同责任。让我们携起手来，共同推动网络空间互联互通、共享共治，为开创人类发展更加美好的未来助力！

【教学实践】

组织参与某项酒店娱乐活动，从顾客和管理者角度分别讨论酒店娱乐的安全控制与管理。

【本章自测】

1. 简述酒店娱乐安全的表现形态。
2. 简述如何进行黄、赌、毒防控与管理。
3. 试述酒店健身场所的安全控制与管理。
4. 试述酒店游泳池与洗浴中心的安全控制与管理。
5. 试述网络娱乐的安全管理。

第 **7** 章
酒店紧急情况的
应对与管理

【学习目标】

本章要求学生熟悉酒店紧急情况的类型，掌握一定的应对和管理方法。

【知识目标】

了解酒店紧急情况的处理步骤。

【能力目标】

在实践中能较好地处理酒店的紧急情况。

【关键概念】

公安涉外案件　顾客死亡　重大事故

案例导入

酒店安全也包括对一些紧急情况的应对与管理。紧急情况涉及面较广，除火灾、自然灾害、食物中毒等表现形态之外，酒店安全管理中的紧急情况还包括顾客违法事件、顾客伤病亡以及重大事故等。对于酒店中的紧急情况，酒店管理者等主体必须给予高度重视，认真对待，谨慎处理，稍有疏忽或差错，就会严重损害酒店形象，甚至造成严重的不良影响。

7.1　防风、防汛应对与应急预案

中国气象局 2007 年 6 月 12 日发布的《气象灾害预警信号发布与传播办法》规定：台风、暴雨、暴雪、寒潮、大风、沙尘暴、高温、干旱、雷电、冰雹、霜冻、大雾、霾、道路结冰等气象灾害由各级气象主管部门负责预警信号发布、解除与传播工作。预警信号的级别根据气象灾害可能造成的危害程度、紧急程度和发展态势一般划分为四级：Ⅳ级（一般）、Ⅲ级（较重）、Ⅱ级（严重）、Ⅰ级（特别严重），依次用蓝色、黄色、橙色和红色表示，同时以中英文标识。各地也有出台一些地方性标识的办法，如 2018 年修订的《广东省气象灾害预警信号发布规定》在台风蓝色预警前增加了白色预警，代表了 48 h 内将受台风影响。

为了有效地预防台风、水灾等自然灾害的破坏，将台风、水灾等对酒店造成的损失降到最低限度，酒店应制订防风防汛警报应急方案。酒店防风防汛警报应急预案内容包括：

7.1.1 接 1,2 号风球信号和防汛通知

当接到气象局发布台风预警信号时，悬挂 1,2 号风球或当地官方媒体、互联网平台、广播电视发布有关防汛通知：

①保安部经理必须到现场。

②通知总经理、驻店经理等同时做好防风、防汛的准备工作。

③在室外值班的保安员，检查酒店外墙的玻璃窗是否关闭，将外围用电设备和电源关闭，以免造成短路发生火灾。

④消防中心人员检查首层、地下层，关闭所有消防门，检查预先准备的沙包。

7.1.2 接 3 号风球信号和汛情通知

当接到气象局发布悬挂3号风球或广播电视预报未来几小时汛情通知时：

①保安部所有人员必须就位就各位，保安员戴头盔，穿着战斗服、雨鞋等。

②加强巡逻，发现玻璃破损时报告工程部，用木板暂时封闭窗口，以防造成更大的破坏。

7.1.3 接 4,5 号风球信号和防汛紧急通知

当接到气象局发布悬挂 4,5 号风球或广播电视发出防汛紧急通知时：

①所有人员保持对讲机联络畅通。

②室外各岗位必须两个人同行不断巡逻，一切行动听指挥，发现问题及时报保安部经理，并劝告客人不要在酒店外围走动。

③广场保安指挥车辆不能停在风口、紧急出口处。

④通知大堂经理、医务室，做好抢救准备。

⑤安排人员在楼层进行巡逻，防止不法人员进行破坏，防止盗窃及恐慌骚乱，其他人员随时准备协助医务人员抢救受伤者。

⑥如预先准备的沙包出现不够，紧急状态下，可经总经理批准，采用仓库食用面、米，客房被、枕头等救险。

7.1.4 事后检查抢修

①待台风、水灾过后，即派出人员在酒店周围、楼顶、重点部位（煤气房、配电房、锅炉房）进行检查，向经理报告损坏情况，是否还存在危险。

②及时与工程部联系抢修补救工作。

7.2 顾客违法行为处理

7.2.1 国内客人违法的处理

凡国内客人在酒店内犯有斗殴、嫖娼、盗窃、赌博、走私、吸毒、传销、诈骗等违法行为的，均应视情节轻重按照国家有关法律、法规进行处理。

①当班的保安部人员在接到客人违法报告后，要立即向领班汇报，同时视情况采取相应的处理措施。领班在接到报告后，应前往现场了解情况，保护和维持现场秩序，记录当事人的姓名、房号、身份等。对一般纠纷，保安部可出面进行调解；对较严重的事件，要立即通知保安部经理到场；对重大违法案情，保安部经理要立即通知总经理和公安部门。

②保安部应安排人员对违法人员进行监控，等候公安人员到达；不要对被监控人员进行关押，要对其说明需等候公安人员前来处理；保安部人员也不要对犯罪嫌疑人动手进行搜身。对正在实施犯罪行为的人员，可将其制服并严加监视，防止逃脱并立即送公安机关，或通知公安部门派人前来。事件处理完毕后，把事件全过程及处理情况向上级主管机关保卫部门报告。

③因顾客违法情节严重无法监控或者错过有效监控时间，酒店需及时报警配合处理。2021年3月，西宁城北公安分局朝阳派出所侦破一起犯罪嫌疑人冒充某管理局工作人员，以单位需要组织培训为由，要求酒店提供培训相关食宿等服务，在近一个月的时间里，女子共计在酒店消费25余万元的诈骗案件。

7.2.2 境外客人违法的处理

境外客人违法是指外国人、海外华侨等，在酒店内违反我国法律的行为。

①根据属地优先权的原则，凡是在我国领域内犯罪的任何人，都适用我国的刑法。《刑法》第六条规定："凡在中华人民共和国领域内犯罪的，除法律有特别规定的以外，都适用于本法。"《刑法》还规定：犯罪的行为或者结果有一项发生在中华人民共和国领域内的，就认为是在中华人民共和国领域内犯罪。以下3种情况都认为是在我国领域内犯罪：第一是犯罪的行为和结果都发生在我国领域内，如1989年我公安部门破获了一起伊朗公民在北京十多家酒店先后37次用已挂失的旅行支票骗兑十多万元人民币兑换券的

诈骗案件。第二是犯罪行为发生在我国领域以外，而结果发生在我国领域以内。例如，犯罪分子在国外印制假钞，而在我国境内使用。第三是犯罪行为发生在我国领域内，而结果发生在我国领域以外。

②酒店员工发现境外客人违法情况后，要立即向保安部报告。保安部在接到境外客人违法的报告后，由保安部主任出面处理。保安部经理应会同大堂经理立即到现场了解情况，在找客人了解情况时要谨慎，要弄清客人身份，了解客人是否具有外交特权或豁免权。如客人是外交人员或具有外交豁免权人员，应立即同外事办公室联系通过外交途径解决。对享有外交特权或豁免权的客人，应对公安人员说明。

③对于境外人员的一般纠纷，保安部可出面进行调解；对较严重的事件，要立即报告总经理，并向公安局外管处报告，同时组织、安排人员保护和维持现场秩序，对违法人员进行监控，要对客人说明，需等候公安局外管人员前来处理。在整个事件处理完毕后，要把事件全过程及处理情况记录留存，并同时向上级机关和有关部门报告。

7.3 客人物品报失、遗留及被盗、被骗物的处理

7.3.1 客人物品报失处理

酒店员工接到客人的报失报告后，应立即向保安部或本部门领导汇报。保安部接到报告后，经理或当班主管应立即派人会同大堂经理前往了解情况。在了解情况时，应详细记录失主的姓名、房号、国籍、地址，丢失财物的名称、数量、型号、规格、新旧程度、特征等。

要尽量帮助客人回忆来店前后的情况，包括丢失物品的经过，进店后最后一次使用（或见到）是什么时候；提醒客人回想：是否错放在什么地方。在征得客人的同意后，协助客人查找物品（在客人的房内查找物品时，一定要让客人自己动手寻找）。如一时找不到客人报失的物品，请客人将事件经过填写在"客人物品报失记录"上。

如果客人的物品是在酒店公共区域内遗失的，要及时同前厅、客房和大堂经理联系，询问是否有人拾到，若仍无下落，应派人寻找。如果客人的物品是在酒店范围以外丢失的，应让客人亲自去公安部门报案，酒店可派人前往。酒店工作人员如遇客人来电查询房内遗留物品事宜，应上报领导，由客房部领班会同大堂经理前去客人指定的地点寻找。

如在客人离店前报失的物品还没有找到，应向客人说明查找情况，请客人留下详细

的通信地址和联系方式。在客人离店后，查找到其所丢失或失窃的物品，要按客人留下的信息迅速同客人取得联系。如果对方要求把丢失的物品邮寄给客人，应用挂号的方式把丢失的物品邮寄给本人，费用一般由客人支付。由于酒店的责任而使客人物品丢失并找回的，其邮寄等项费用由酒店承担。保安部要详细记录客人的报失经过及处理结果。

7.3.2　客人物品被盗、被骗的处理

客人报失的事件被确认为被盗或被骗时，保安部经理要立刻亲自处理。

①详细记录客人物品被盗或被骗的经过，失主的姓名、房号、国籍、地址，丢失财物的名称、数量、型号、规格、新旧程度、特征等。如果客人的物品是在酒店内被盗，并留在现场，则应立即保护现场。保安部经理要把被盗或被骗经过立即向总经理汇报，同时向公安机关报告。失主是国内客人，应向公安派出所报告；失主是外国人，应向公安局外管处报告。

②保安部要组织调查，并配合公安机关立案侦破。如在客人离店以后追回被盗的物品，则要按客人留下的地址迅速取得联系，用挂号的方式把物品邮寄给客人，将挂号回执留存。如果客人被盗的是护照，则要报告当地旅行社，由旅行社开具报失证明，让失主持证明向当地公安部门报失，再由公安部门出具报失证明，然后由失主本人持报失证明亲自到所在国驻我国使、领馆申办重领护照手续。领到新的护照后，失主本人应再到当地公安局办理签证手续。如丢失中国护照，则由当地旅行社开具证明到当地公安局（厅）或其授权的公安机关领取新护照，并办理签证手续。客人信用卡、旅行支票等有价单据如果被盗，要及时同有关银行取得联系，并通知有关兑换点。

7.3.3　客人遗留物品的处理

任何员工在酒店内发现客人的遗留物品必须设法交还客人，如客人已离店或一时找不到失主，应立即上交本部门领班或主管，由主管交客房中心造册集中管理。对客人遗留的较为贵重的物品，要尽快同客人取得联系，征求客人对所遗留物品的处理意见，并尽快将遗留物品归还给客人，所发生的费用一般由客人承担。

客房中心应对暂时无人认领的客人遗留物品登记造册，详细记录遗留物品的名称、数量、品种、规格、型号以及发现物品的地点、发现人等。贵重物品要存入保险箱内或指定专人保管。无人认领的物品在客房中心保管 3 个月；无人认领的贵重物品保管 6 个月后上交有关部门。

7.4 重大安全事故的处理

重大安全事故是指：第一，造成海外旅游者人身重伤、残废的事故；第二，重大火灾及其他恶性事故；第三，其他经济损失严重的事故。重大安全事故的处理，原则上由本地区政府协调有关部门、事故责任方及其主管部门负责，必要时成立事故处理领导小组。

重大安全事故发生后，保安部经理和总经理应立即赶赴现场，全力组织抢救工作，保护事故现场，同时报告当地公安部门。酒店如不属于事故责任方，应按照事故处理领导小组的部署做好有关工作。在公安部门人员进入事故现场前，如因现场抢救工作需要移动物证时，应作出标记，尽量保护事故现场的客观完整。酒店要立即组织医务人员对受伤人员进行抢救或送附近医院，保护好遇难者的遗体，组织核查伤亡人员的团队名称、国籍、姓名、性别、年龄、护照号码以及在国内、外的保险情况。伤亡人员中若有海外客人，责任方和酒店在对伤亡人员核查清楚后，应及时报告当地外办，同时以电话、传真或其他有效方式直接向"中国旅游紧急救援协调机构"（设在北京市国家旅游局内）报告。对事故现场的行李和物品，要认真清理和保护，并逐项登记造册。

事故发生后的首次报告内容：

①事故发生的时间、地点。

②事故发生的初步情况。

③事主接待单位及与事故有关的其他原因。

④报告人的姓名、单位和联系电话。

事故处理过程中的报告内容：

①伤亡情况及伤亡人员姓名、性别、年龄、国籍、团名、护照号码。

②事故处理的进展情况。

③对事故原因的分析。

④有关方面的反映和要求。

⑤其他需要请示或报告的事项。

事故处理结束后，酒店需认真总结事故发生和处理的全面情况，并作出书面报告，内容包括：

①事故经过及处理。

②事故原因及责任。

③事故教训及今后防范措施。

④善后处理过程及事主家属的反映。

⑤事故遗留问题及其他。

伤亡人员有海外客人并且是随旅行团来酒店住宿的，在伤亡人员确定无误后，由有关的组团旅行社负责通知有关海外旅行社，并向伤亡者家属发慰问函电。在伤亡事故的处理过程中，责任方及其主管部门要认真做好伤亡家属的接待、遇难者的遗体和遗物的处理以及其他善后工作，并负责联系有关部门为伤残者或伤亡者家属提供以下证明文件：为伤残人员提供由医疗部门出具的伤残证明书；为骨灰遣返者提供由法医出具的死亡鉴定书和丧葬部门出具的火化证明书；为遗体遣返者提供由法医出具的死亡鉴定书、医院出具的尸体防腐证明书、防疫部门检疫后出具的棺柩出境许可证。责任方及其主管部门要妥善处理好对伤亡人员的赔偿问题；酒店要协助责任方按照国家有关规定办理对伤亡人员及其家属的人身和财产损失的赔偿，协助保险公司办理入境旅游保险者的保险赔偿。事故处理结束后，酒店要和责任方及其他有关方面一起，认真总结经验教训，进一步改进和加强安全管理措施，防止类似事故再次发生。酒店需将事故全过程和处理经过整理成文字材料，送有关部门并留存。

7.5 客人伤、病、亡的处理

7.5.1 客人伤、病的处理

客人伤、病是指客人在酒店内生病或受伤。由于酒店内的专业医护人员数量少，更多的小型酒店则没有专门的医务人员，所以酒店应选择一些员工进行有关急救方面的专业训练，在遇到客人伤、病时，能进行急救。没有专设医务室的酒店，应备有急救箱，配备一些急救时所必需的医药用品和器材。

客房部的服务员，若发现客房门上长时间挂有"请勿打扰"牌，应多加留意，并通过电话询问。酒店员工在店内发现客人伤、病时要立即通知医务室，并视情况向保安部报告。接到报告后，保安部经理应会同大堂经理前去了解情况。医务人员根据客人的伤、病情况，决定是否送医院详细检查治疗。如酒店无专业医务人员，在进行简单的急救后，应立即送医院或通知救护站，绝不可延误时间。对送医院抢救的客人，酒店要派人员会同客人的亲属、领队等一同前往。外国客人一般需要到当地指定的医院就诊。住院治疗期间，客人如果需用自带的药品治疗，应征得医院的确认和同意。客人如需动手术或伤、病情况较为严重，必须由医生通过翻译让伤、病者的亲属或领队在手术书上签字表示同意。出于酒店的原因致使客人受伤的，酒店要同客人协商赔偿事宜。待一切事项处理完后，酒店应写出客人伤、病情况及处理报告，呈报有关部门并存档。

7.5.2　国内客人死亡的处理

国内客人死亡是指我国国内客人住店期间发生在酒店内的因病死亡、意外事件死亡、自杀、他杀或其他原因不明的死亡。除前一种属于正常死亡外，其他均为非正常死亡。

①任何人员发现国内客人在酒店内死亡，必须立即向保安部报告。保安部人员在接到客人死亡的报告后，立即报告保安部经理，同时前去查看并保护现场，简要查明客人死亡的地点、时间、原因、身份、房号等情况。保安部经理接到报告后，应立即通知总经理、大堂经理和医务人员前去现场。

②客人若未死亡，应立即送医院抢救，保安部派人与大堂经理和医务人员同往，同时要求客人的亲属、同事和领队一同前往。对已死亡的客人（客人是否死亡要由医务人员诊断），保安部应立即封锁现场，并立即向公安部门报告，迅速开展调查工作。尽快查清客人的姓名、性别、年龄、地址、所属单位、接待单位、身份、死亡日期、时间、地点、原因、医生诊断情况和目击者等情况，迅速同旅游接待单位或死者的工作单位及亲属取得联系。

③如属非正常死亡，要对现场的一切物品加以保护，严禁他人接近现场，不得挪动任何物品。处理交通事故死亡，须有交通监管部门的"责任裁决书"和"事故死亡证明"。对国内客人在酒店内死亡的情况，除向上级领导和公安部门汇报外，任何人不得对外泄露。在一切事项处理完毕后，要由参加抢救的人员把抢救、死亡及处理的全过程详细记录并留存。

7.5.3　国外客人死亡的处理

国外客人死亡是指具有外国国籍或无国籍的客人在酒店内因病死亡、意外事件死亡、自杀、他杀或其他原因不明的死亡。处理外国人在酒店内死亡的事件要按照我国的《关于外国人在华死亡后处理程序有关问题的实施意见》（民发〔2008〕39号）、《维也纳领事关系公约》及有关双边领事条约和国际惯例等国际、国内的规定办理。

①酒店内任何人员发现国外客人在酒店内死亡，必须立即向保安部报告。保安部人员在接到客人死亡的报告后，初步查明客人死亡的地点、时间、原因、身份、国籍、房号等情况，立即报告保安部经理，并前去查看和保护现场，同时通知总经理、大堂经理和医务人员前去现场。若客人尚未死亡，应立即送医院抢救；酒店派负责人与大堂经理和医务人员同往，同时要求客人的亲属、同事和领队一同前往。对已死亡的国外客人（客人是否死亡要由医务人员诊断），应派保安部人员保护好现场；保安部要封锁现场区域，查清并详细记录死者姓名、性别、年龄、国籍、常住地址、身份、死亡日期、时间、地点、原因、医生初步诊断情况、目击者、先期处理情况等；迅速同外国领队、接待旅行社或接待单位取得联系。

②如属非正常死亡，要对现场的一切物品加以保护，严禁任何人员接近现场，不得挪动任何物品；立即向公安部门报告，并协助开展前期调查工作；及时报告"中国旅游紧急救援协调机构"。根据《维也纳领事关系公约》或有关双边领事条约的规定以及国际惯例，外国人在我国死亡后应尽快通过我国政府有关部门（省、市外办）通知死亡者所属国驻华使、领馆。如果死亡者国籍所属国同我国签订有领事条约，而条约中含有关于缔约国国民死亡规定的，应按条约中的有关规定办理。

③外国人在医院经抢救无效死亡的，要由参加抢救的医生向死者亲属、领队及死者的生前好友或代表详细报告抢救全过程。对于死者旅行团队无领队和死者家属未随同来华的，国内组团旅行社负责通知有关海外旅行社，并向死者家属发慰问函电。参加抢救的医生要写出抢救经过报告并出具死亡诊断书，由主任医师签字盖章，并将副件交给死者亲属、旅行团领队、地方接待单位以及酒店。

如属正常死亡，需由县级以上医院出具死亡证明书。如死者生前曾住院治疗或经抢救，应其家属要求，医院可提供诊断书或者病历摘要。一般情况下（正常死亡）不做尸体解剖，如果对方坚持要求解剖尸体，应由领队或者死者亲属提出书面申请，由接待单位到公证机关办理公证书后方可进行。非正常死亡的，由公安机关的法医出具死亡鉴定书。对外公布死因要慎重。如死因不明确，或有其他原因，待查清或内部意见统一后再向外公布和提供证明。如属于交通事故死亡，须有交通监管部门的责任裁决书和事故死亡证明。

对于非正常死亡的外国人，在得到公安机关的认可后，其遗物由其亲属或领队、公安部门、接待部门和酒店代表共同清点，列出清单，由上述人员在清单上签字，一式两份，由中外双方保存。死者遗物由亲属或领队带回国。如死者单身在华；遗物可直接交给来华的亲属，也可交驻华使、领馆铅封托运回国。如死者有重要遗嘱，应将遗嘱复制或拍照后交驻华使、领馆转交，防止转交过程中发生篡改。

④外国人若在华死亡，一般应以在当地火化为宜。遗体火化前，应由领队或者死者亲属或代表填写火化申请书，交我方保存。在火化前，可由全团或领队、亲属、代表向遗体告别。告别现场应拍照留存。对方如提出举行追悼仪式，可由接待单位致简单悼词，并送花圈。死者骨灰由领队、死者亲属或其代表在签写书面材料后带回国。

⑤在办理好上述手续后，凭死亡诊断书去市公安局外事处办理注销签证手续。死者家属如果要求将遗体运送回国，除办理上述手续外，还要做尸体防腐处理，并发给装殓证明书；由地方检疫机关发给死亡地点至出境口岸的检疫证明，即"外国人运带灵柩（骨灰）许可证"，然后由出境口岸检疫机关发给中华人民共和国×××检疫站"尸体/灵柩出境许可证"；由死者所持护照国驻华使、领馆办理遗体灵柩经由国家通行护照。

死者亲属需来华处理后事的，要弄清具体人数、航班，并派人迎接，同时提前准备房间。死者的医疗、抢救、火化、尸体运送等费用，一般由死者家属自理，有肇事方的，由肇事方承担。

⑥国外客人在酒店内死亡的情况，除向上级领导和公安部门汇报外，任何人不得对外泄露。一切事项处理完毕后，由参加处理的工作人员将抢救、死亡及处理的全过程详细记录，分送有关部门并留存。

7.6　对爆炸物及可疑爆炸物的处理

我国《旅馆业治安管理办法》规定："严禁旅客将易燃、易爆、剧毒、腐蚀性和放射性等危险物品带入旅馆。""对违禁物品和可疑物品，应当及时报告公安机关处理。"按照国家的要求，酒店应对店内的一切爆炸物品严格管理，建立一套防爆安全管理程序和制度。

7.6.1　爆炸装置的组成

爆炸装置一般由3部分组成：

1）包装物

软包装，如手提包、书包、包裹等。

硬包装，如木盒、塑料盒等。

2）炸药

炸药有很多种类，常用的有 TNT 和黑火药等。

3）启爆装置

启爆装置即引发炸药爆炸的装置，有以下几种：机械类、化学类、电器类、无线遥控类及有线遥控类。

7.6.2　接到炸弹威胁电话的处理

酒店接到电话时一般有两种可能性：第一是打电话的人确实知道或者认为有人在店内放了爆炸物。报告人想减少人员伤亡和财产损失。打电话的人也许就是安放爆炸物的人，或者知道这一信息。第二是打电话的人想制造紧张和恐怖的气氛。

酒店工作人员在接到有关爆炸物威胁的报警电话时应采取下列措施：

①想办法把打电话的人拖住，让他把电话的内容重述一遍，把他讲的每一字都记下来。

②如打电话的人没有说明爆炸物放置的地点或可能的爆炸时间，应尽可能地向他询问这一情况。

③仔细辨听电话内的背景声音，如是否有背景音乐、汽车声或其他噪声。

④注意打电话的人的声音（男、女）、情绪（镇定、激动）、口音及口头语等。

⑤如两人在场，接电话的人可示意另一人向总机询问电话来自何处，并立即报告安全部门。

⑥如报告者声称自己是安放爆炸物的人，应尽量说服他放弃这一企图。

⑦如打电话的人不愿讲下去，接电话的人可假装听不清，并询问以下问题：爆炸物何时起爆？爆炸物在什么地点？何种类型的爆炸物？你现在何处？

7.6.3　搜寻

在接到店内有爆炸物的报告后，酒店应立即报告当地公安机关并组织人员进行搜寻。搜寻工作程序应在平时制订好。搜寻重点如下：

1）各部门搜寻分工

（1）工程部

①迅速检查配电房、机房以及店内的其他一些重要电器设备。

②检查消防设施及器材。

（2）客房部

①迅速检查垃圾处。

②检查消防通道。

（3）前厅部

①搜查大厅各处。

②检查电梯内。

③检查行李房。

（4）保安部

①搜查酒店外围区域。

②检查停车场。

2）搜寻重点

（1）酒店内部

①花盆。

②沙发。

③立式烟灰缸。

④报纸杂志架。

⑤卫生间，如纸篓、便盆、存物柜等。

（2）酒店外部

①草丛、花盆。

②垃圾和废物箱。

③附近的车辆。

④角落。

搜寻时以两人为一组。进入待搜寻的区域后，先静静地站在那里，听有没有闹钟定时装置的声音，看有没有异常情况，再开始搜寻。

7.6.4 发现爆炸物或可疑爆炸物时的注意事项

发现爆炸物或可疑爆炸物时应注意：

①不要随意触动，更不能碰到启爆装置。

②处理可疑爆炸物外面的包装时，不要直接打开包装。

③如怀疑可能是爆炸物时，应立即把该物的地点、发现时间、物体的形状报告公安部门和上级机关。

④严格保护好现场，尤其是注意爆炸物旁边的物品；保护好手印、足迹等；防止无关人员进入。

⑤发现物品有导线和绳子时，要厘清相互关系；搬动物品时动作要轻，防止触动

装置。

⑥在检查可疑爆炸物时，应由专业人员进行，其他人员需远离现场。

7.6.5 对手提物品的检查

在酒店内部如发现无人认领的手提物品或需要检查可疑的手提物品时应注意：

①先查看手提物品的拉链是否有绳头连接。

②拉开手提包时，应慢慢拉开，用手轻轻地在包内摸有无异常物品。

③检查可疑的箱子时，先将箱子轻轻地捆起来，然后将箱子移到安全地带，把箱锁打开，在箱盖上压上重物。用一根绳子一头拴在箱盖上，剪开捆箱的绳子，将人员疏散到 50 m 以外，然后拉绳。

④如果物品是用木板装订的，应从物品的侧面拆除。

7.6.6 防爆管理

酒店任何人员发现爆炸物或可疑爆炸物后，应迅速向酒店保安部报告。在发现爆炸物或可疑爆炸物后，不要轻易触动物体，应尽可能地保护和控制现场。接到报警时，要问清爆炸物或可疑爆炸物的确切地点、发现时间、形状及大小等情况。保安部接到报警后，应立即通知下列人员到达现场：

①保安部经理。

②值班总经理。

③工程部主任。

④爆炸物所在部门的部门经理。

保安部经理到达现场、确认为爆炸物或可疑爆炸物后，应立即通知公安机关。保安部经理应组织人员部署以爆炸物或可疑爆炸物为中心的警戒线，控制现场。

总经理应组织临时指挥部，协调各部门工作，统一下达命令，部署有关部门做好善后工作。爆炸物所在的部门经理负责疏散本区域的人员及物资。大堂经理向客人解释发生的有关情况，安定客人的情绪。医务人员做好抢救伤员的准备，随时准备同急救中心联系。车队驾驶员做好抢救伤员所需的车辆准备工作。店内其他人员坚守工作岗位，不要轻易接近危险物品。应等待专业防爆人员前来处理爆炸物或可疑爆炸物。

有条件的酒店，可以事先准备好防爆氮气瓶。如广州花园酒店，在举行一些重大活动时，常将防爆氮气瓶放置在现场，一旦发现爆炸物或怀疑是爆炸物时，应立即将该物品放入冰桶内并注入氮气（零下 300 ℃）使炸弹结冰、失去作用，然后将物品搬离现场。

7.7　突发暴力事件的处理

7.7.1　打架斗殴、流氓滋扰的处理

酒店内易发生打架斗殴、流氓滋扰的场所如下：

①酒店大门。

②大厅。

③舞厅。

④卡拉OK厅。

⑤酒吧。

⑥停车场。

⑦其他公共娱乐场所。

对容易发生打架斗殴、流氓滋扰的区域要重点防范，并配备警卫或加强巡逻。

舞厅、酒吧工作人员，在工作时要注意饮酒过量的客人，如有发现，应礼貌劝阻。酒店员工一旦发现店内有打架斗殴、流氓滋扰的情况，要立即制止并保护客人，同时报告保安部，并视情况有礼、有节地进行劝阻。

保安人员到达后，应将打架、斗殴双方带离现场，以保证酒店正常秩序。将打架、斗殴双方带到保安部后，要分别了解情况，以防进一步冲突。对于一般轻微事件，保安部可进行调解；如属流氓滋扰，应报告派出所前来处理。

大堂经理负责检查店内的物品是否有损坏并确定损坏程度及赔偿金额，应向肇事者索赔。

7.7.2　突发暴力事件的处理

突发暴力事件是指发生在酒店内的抢劫、行凶等严重突发事件。酒店平时要做好安全工作，预防突发暴力事件的发生。

酒店内一旦发生突发暴力事件，发现人要立即打电话通知保安部，报告时不要惊慌，要讲清案发的现场情况。保安部接到报警后，要立即调集保安员携带对讲机赶赴现场（必要时可携带电击器等器具）。保安员通过对讲机将现场情况报告给保安部经理、总经理及公安机关，同时视情况着手处理。如犯罪分子还在现场附近的，保安员应尽力将其

制服。保安部要划定警区，维护现场秩序，劝阻围观人员，保护好现场。若有伤员，应立即派人护送去医院抢救。向当事人、报案人、知情人了解案情，做好记录，并拍照。对犯罪分子派人看守，防止逃脱。保管好客人遗留的物品，并逐一登记。公安人员抵达后，应将现场情况向公安机关报告，并协同公安机关做好相关善后工作。

7.8　重要宾客的警卫处理

　　酒店重要宾客的保安一般指公安机关列入的特级、一、二、三级安保任务的客人，或客人出于某种特殊原因需要酒店给予特别保护和保安的客人。

　　①首先要尽量了解客人方面的基本资料，如国籍、年龄、性别、嗜好、风俗习惯、禁忌、住酒店的房号、期间行程安排、在酒店内要去的场所区域所经路线等。

　　②如接待外国重要客人，除了解以上资料外，还要了解客人国内、外的敌对势力情况，与客人前后到达的是否有其他敌对国的客人，并报公安机关。

　　③在客人未到达以前，首先配合公安机关对重要客人所要住的房间进行安全检查，对附近的消防设施、消防通道进行检查。

　　④根据受保护客人的保安标准，对房间进行封闭，并留人员看守。

　　⑤如客人在酒店内安排去其他公共场合，则须在重要客人预计要经过的路线用快步、中步、慢步的时间计算出来，将途中所有有可能突然出现人的门、通道等事先检查后，安排保安人员在门口或附近。

　　⑥当重要客人经过或停下来向群众招手时，保安人员一定要背向受保护人，面向群众和其他人员，特别留意人群中的异常情况和面目表情、眼神，并预计如果发生意外事故、险情，将如何紧急处置和用身体掩护等。

　　⑦对客人饮品、食品应留样待查。

　　⑧重点保护好重要客人的车辆，不允许非接待和非保安任务的一切人员和车辆接近。

　　⑨如重要客人在酒店的室外活动，事先应对附近的高层建筑物和制高点进行观察，有无缆车、吊船等危险物，对制高点上的人，一定要留意，以防万一，可派保安人员先检查或暂时封闭通往高层建筑物的道路或门。

7.9　对精神病、闹事人员的防范及处理

7.9.1　外围防范

在酒店外车场、车库，由外围值班人员组成外围防范体系，发现精神病、出丑闹事人员可采用以下措施：

①重点控制酒店前门、后门、大厅、车场、车库及其他公共区域，对可疑人员进行查问。

②可采用跟踪观察、谈话等方式探明来人是否属精神病，并查清出丑闹事原因。

③通过以下方法对可疑人员作出判断：

a. 看：来人神色是否正常，衣着穿戴是否整洁。

b. 闻：来人身上是否有酒气或异常气味。

c. 交谈：来人谈吐是否颠三倒四，头脑是否清醒，如有异常现象，应立即控制，并妥善处理。

7.9.2　内部处理

由各哨位保安、消防管理员及各部门员工组成内部处理体系，加强巡逻检查，发现情况时应采取以下措施：

①首先控制来人，以免事态扩大，可采取劝说、诱导等手段。

②迅速将来人带入办公室或无客人区域。

③查明来人身份、目的、工作单位和住址。

④保安部领导和夜间值班经理将其送交公安机关。

⑤在不惊扰客人的情况下，调动一切可以调动的人力，采取一切可能的手段，将出丑闹事苗头迅速制止，尽最大努力将上述人员控制在一定范围内或酒店外围，避免造成公众影响。

7.10 停电事故的处理

较大型的酒店应实行两路供电，在一路停电的情况下，另一路自动供电。如果有条件，酒店还应配备发电设备；如果本地区发生特殊情况，停止供电，工程部应启用应急发电机。此外，酒店的主要营业点和公共场所还应配备一定数量的应急照明灯。

一旦酒店发生停电，各营业点和公共场所当班的最高行政领导要立刻负责本工作区域的安全工作。当班的服务员应保持镇静，稳定客人情绪，请客人稍等片刻。

在酒店发生停电的情况下，门卫人员要劝阻无关人员进店；巡逻人员重点保护公共场所的财产；保安部管理人员应组织人员对各点进行巡查，防止意外情况发生；有关人员立即检查是否有人被关在电梯内，如有人被关在电梯内，应先安抚客人，并尽快将其救出；舞厅等人员较集中场所的经理，要立即前去安定客人情绪，防止混乱发生；各部门人员要负责安定本工作区域客人的情绪。工程部主任应立即组织人员检查停电原因，保护重要的设施、设备，尽快恢复供电。

【教学实践】

组织学生参观酒店餐饮部营业场所，特别是了解厨房的操作流程，然后就各个方面可能出现的安全隐患进行讨论，并就某项流程设计出关键控制点。

【本章自测】

1. 简述酒店涉外安全事故的处理。
2. 简述国内客人违法事件的处理。
3. 举例说明酒店对伤、病、亡客人的处理。
4. 举例说明酒店重大事故处理的原则和方法。
5. 请结合实际谈谈如何加强酒店紧急情况的应对和管理。

第**8**章

酒店公共卫生安全
控制与管理

【学习目标】

　　本章要求学生掌握酒店公共卫生安全的内容，能对酒店的公共卫生安全进行有效的预防与管控。

【知识目标】

　　了解酒店公共卫生安全的内容与现状，了解酒店公共卫生安全控制点和管控方案。

【能力目标】

　　能针对酒店公共卫生安全的现实问题提出管控的措施和方法。

【关键概念】

　　酒店公共卫生安全　新冠疫情　安全控制与管理

案例导入

　　2020 年春节前夕，一场突如其来的新冠肺炎疫情给全球旅游业带来了严重冲击，景区关闭、文旅活动取消、阻路、断航、封城使旅游活动锐减，旅游者行程取消和退订造成整个旅游市场大乱，许多旅游企业因现金流断裂破产或濒临倒闭。也有一些酒店积极参与到疫情防控工作中，作为隔离酒店被政府部门征用，这些酒店的员工也成为疫情防控战线上的重要一员，默默地发挥着酒店人的担当与作用。公共卫生事件、自然灾害虽来势汹汹，但终会过去。随着新冠肺炎疫情的反复，不确定性仍是世界旅游业必然面临的重要挑战；疫情重创了旅游业和酒店行业，也悄悄改变了人们的消费观念，对产品品质、公共卫生安全和消费环境质量提出了更高的要求。

8.1　酒店公共卫生安全的内容

8.1.1　公共卫生安全

1）公共卫生事件

　　健康不仅影响个人福祉，还关系到国家安全和可持续发展[①]。19 世纪末，现代公共卫

---

① 　侯增谦.切实增强公共卫生安全治理能力 [J].中国科学基金，2020，34（6）：661.

生的概念最先出现在西方，是指政府运用权力，在患者和健康者之间建立起某种形式的边界来干预疾病的传播路径，从而达到抑制风险扩散的目的。2006 年 1 月 8 日发布并实施的《国家突发公共事件总体应急预案》将突发公共事件界定为突然发生，造成或者可能造成重大人员伤亡、财产损失、生态环境破坏和严重社会危害，危及公共安全的紧急事件。根据突发公共事件的发生过程、性质和机理，突发公共事件主要分为以下 4 类：自然灾害、事故灾难、公共卫生事件和社会安全事件。本节重点关注公共卫生事件的控制与管理。

公共卫生是关系到一国或一个地区人民大众健康的公共事业。健康是一种基本人权，也是社会可持续发展的要素之一。

2）公共卫生内容划分

公共卫生事件主要包括传染病疫情、群体性不明原因疾病、食品安全和职业危害、动物疫情，以及其他严重影响公众健康和生命安全的事件。公共卫生具体包括对重大疾病尤其是传染病（如结核、艾滋病、SARS、新冠肺炎等）的预防、监控和治疗；对食品、药品、公共环境卫生的监督管制，以及相关的卫生宣传、健康教育、免疫接种等。其中，食物中毒在饮食安全控制与管理部分已进行专门阐述。

公共卫生内容按照人群和问题不同有两种划分方式：

（1）按人群划分

按人群划分，主要关注儿童疾病与死亡、孕产妇疾病与死亡、老年人生活质量。

（2）按问题划分

按问题划分，主要分为传染病（如 SARS、禽流感、流感、疯牛症、艾滋病登革热、nCoV-2019 等）、慢性非传染性疾病（如肿瘤、糖尿病、高血压等）、意外伤害（如车祸、楼房坍塌）、不良健康行为（如吸烟、饮酒吸毒、不安全的性行为）、精神及心理卫生（如抑郁症）。

3）公共卫生安全风险特征

截至 2021 年 3 月 31 日，新型冠状病毒肺炎在世界上 213 个国家和地区累计确诊近 1.3 亿人，累计死亡人数达 283 万多人，给人类的健康带来了巨大冲击。通过分析发现，当前公共卫生安全风险呈现出突发性、复杂性、扩散性、冲突性和破坏性的特征[①]。

8.1.2 酒店公共卫生安全

1）酒店公共卫生安全的内容

酒店是指向各类旅游者、商旅客人和城市居民提供食、宿、行、购、娱等综合性服务，具有涉外性质的商业性公共场所。酒店经营过程中，对经营利润的追求，需要吸引

---

① 张志华，季凯，赵波．人工智能促进公共卫生安全风险治理：何以可能，何以可为——以新冠肺炎重大疫情为例 [J]．江海学刊，2020（3）:13-18.

大量的旅游者、商旅客人和城市居民来店消费。人员流动性、酒店公共属性、消费密集性和对卫生状况的关注等特点，决定酒店公共卫生安全的重要性。酒店公共卫生安全主要涉及公共空间、客用设施、酒店饮食、酒店顾客和酒店员工的安全。

2）酒店公共卫生安全中的高聚集性特点

高聚集性决定了酒店公共卫生安全控制与管理的必要性。

根据原国家旅游局《景区最大承载量核定工作导则》（LB/T 034—2014）中规定的景区空间承载量标准，美国防火协会的 FPA101（2000）标准以及美国 HCM 2000 交通排队区域服务水平、密集人群的密度标准，可以界定高聚集游客群与高聚集游客场所：

①高聚集游客群界定为：在局部空间内聚集游客数为 50 人以上且游客密度高于 3 人 /m² 的游客群体。

②高聚集游客场所定义为：局部聚集游客数大于 50 人且游客密度大于 3.0 人 /m² 的场所。人员密集场所包括宾馆、饭店、商场、集贸市场等公众聚集的场所，歌舞厅、影剧院、录像厅、舞厅、卡拉 OK 厅等公共娱乐场所，客房数在 50 间以上的旅馆、宾馆、饭店和餐位超过 200 座的营业性餐馆、总建筑面积超过 3 000 m² 的商场、超市和室内市场、礼堂、大型展览场馆、校园等。

按照这一界定，酒店属于高聚集游客场所，容易形成高聚集游客群。

另外，会议、宴会等大型活动是各种公共卫生风险的高发区，也容易形成高密集人群。传染病是密集人群面临的重要公共卫生风险之一。高聚集游客群人群密度大，游客之间接触频繁，传染病毒易于传播，存在较大的公共卫生风险隐患。高聚集游客群往往在狭窄的空间场所内形成，并容易造成局部空气流通不畅，引发病毒性传染和游客突发疾病。酒店电梯间、餐厅及娱乐场所是高集聚人群出现的场所，也是公共卫生安全的风险区。

3）公共卫生事件中的酒店

自 2020 年疫情防控取得阶段性成效以来，国家层面和旅游管理相关部门一直呼吁和引导人们尽量减少规模性的聚集，并对大范围、大规模的游客流动做了"过渡阶段"的防范举措。可以预测，在有效的疫苗出来之前，疫情防控将成为常态。酒店之前的"一房难求"、消费的"高聚集"将成为旅游目的地政府、旅游主管部门和旅游企业公共卫生安全防控的重点对象和任务。

一旦酒店中出现了突发公共卫生事件，如 2020 年的新型冠状病毒疫情，将会对酒店的经营产生直接影响，也考验了酒店的应急应对能力和社会协同水平。例如，2020 年 11 月 14 日，位于成都市中区的某宾馆在入住境外宾客中发现了新冠肺炎无症状感染者，宾馆迅速启动应急预案，采取了相应防疫措施，对所有住店客人进行核酸检测，检测确认后宾馆所有入住客人全部退房离场。

当然，值得肯定的是一些先天硬件符合公共卫生事件处置所需条件的酒店，在公共卫生事件发生后，也能够起到积极作用。如新型冠状病毒防控期间，各地都选择和有偿征用了一部分酒店作为隔离酒店，参与到疫情防控工作中。根据《中华人民共和国传染病防治法》第四十五条："传染病暴发、流行时，根据传染病疫情控制的需要，国务院有权在全国范围或者跨省、自治区、直辖市范围内，县级以上地方人民政府有权在本行政区域内紧急调集人员或者调用储备物资，临时征用房屋、交通工具以及相关设施、设备。"之规定，县级以上地方人民政府有权在本行政区域范围内实施临时征用。

8.2 酒店公共卫生安全控制与管理现状

面对影响面大、长时间反复的新冠疫情，我国众多酒店面向疫情的公共卫生安全管控和管理现状不容乐观，并呈以下的状况。

8.2.1 疫情防控常态化的硬件要素不足

新型冠状病毒的出现和延续是所有的旅游企业之前没有想到和猝不及防的，因而不少酒店现有硬件状况的风险防范条件不足以应对疫情期间的接待工作，一旦有来自疫区的客人或入住消费的某客人被确诊，酒店设施与服务流程在防止疫情传播方面会存在不少的缺陷，无法达到公共卫生疾病防控标准的基本条件。从中国饭店协会等部门联合制定的《酒店建筑用于新冠肺炎临时隔离区的应急管理操作指南》来看，要满足应对新冠肺炎疫情期隔离客人的正常使用，从酒店选址、功能布局、新风系统、给排水、垃圾处理等方面都提出了公共卫生方面的专业化要求。现有酒店是否符合疫情防控常态化下的接待条件，需要从硬件方面进行相关评估。

8.2.2 抗疫防风险能力普遍不足

过去，企业抗风险能力主要集中在资金储备、变动成本以及财务杠杆等财务方面的风险评估。从酒店业安全风险防范的预案管理角度来看，之前也多为食物中毒预案、消防安全预案、处理投诉预案和质量控制预案等。防控疾病的预案也仅仅停留在一些常见的流行病预案上，对类似新冠肺炎防控既没有意识，也没有经验和引起足够的重视。

8.2.3 酒店公共卫生安全管理制度不够健全

基于公共卫生安全事件的突发性、复杂性等特点，有些是首次出现，在公共知识体系可以借鉴的经验有限，所以酒店公共卫生安全管理制度也暴露出不健全的问题。但是酒店方应该形成日常管理工作中的非常规性问题和情况的处置流程与制度，便于在问题出现早期能够起到信息预警和识别的作用，积极借助卫生和防疫部门等权威机构的力量，健全自身制度。如疫情发生以来，疾病防控等多个部门相继出台了不同版本的防控手册和方案，其中，中日友好医院发布的《新型冠状病毒肺炎防控口袋书》是一部很有代表性的防控手册，作为基础教材，对酒店制订防控预案很适用。这就需要酒店积极借鉴权威机构的建议和好的做法，结合自身情况，纳入酒店的整体方案中。

8.2.4　员工对疫情的防范知识与意识普遍不足

新型冠状病毒疫情发生以来，暴露出酒店在抗疫防风险中存在能力不足。酒店员工平时也没有经过公共卫生防控知识的专业训练，在遇到突发疫情时的服务中容易产生"恐慌"心理而降低服务质量与标准，产生服务偏差。因为对疫情认识的偏差（忽视或者过度），导致员工在工作中的服务和行为，与疫情防范要求不符，稍有不慎，还可能成为病毒的感染者和传播者。

8.2.5　酒店连锁化水平不高，抗击风险能力低

中国饭店协会《2020中国酒店业发展报告》数据显示：截至2020年1月1日，全国酒店连锁化率为26%，与发达国家酒店品牌连锁化率60%以上相比，我国酒店品牌化的空间依然巨大。2020年的新型冠状肺炎疫情的突发，很多单体酒店在经营停滞的情况下，难以维系，甚至倒闭。对于分批次复工、区域间疫情情况的差异化，连锁酒店的跨地区协作优势更为明显。

基于上述现状，重视酒店的抗疫情风险能力，制订类似新型冠状病毒肺炎疫情的防控预案，普及员工公共卫生和疫情知识的教育，并把这项工作纳入酒店日常工作中，是疫情常态化下酒店运营管理的必要任务与要求。

8.3　酒店公共卫生安全控制与管理

8.3.1　编制酒店公共卫生事件应急预案

为有效预防、及时控制和消除突发公共卫生事件及其危害，指导和规范各类突发公

共卫生事件的应急处理工作，最大限度地减少突发公共卫生事件对公众健康造成的危害，保障公众身心健康与生命安全，酒店的公共卫生安全控制与管理是其中的重要一环，要融入整体应急处理工作中。依据国务院 2003 年 5 月 9 日颁布的《突发公共卫生事件应急条例》、2006 年 2 月 26 日颁布的《国家突发公共卫生事件应急预案》和《中华人民共和国传染病防治法》、2013 年 10 月 1 日施行的《中华人民共和国旅游法》，以及地方政府的要求，结合酒店的特点，制订酒店公共卫生事件应急预案。

　　酒店在编制公共卫生事件应急预案时，既要考虑与其他应急预案的多案协同，又要充分关注到公共卫生事件的特点，制订专项措施。酒店公共卫生应急预案通常包括应急组织体系及职责，突发公共卫生事件的监测、预警与报告，突发公共卫生事件的应急反应和终止，善后处理，突发公共卫生事件应急处置的保障，预案管理与更新等内容。

　　酒店公共卫生事件应急预案要成立应急处理小组，明确责任到人。及时关注国家卫生行政主管部门和其他有关部门发布的预警信息，预防预警前置，力求做到早发现、早报告、早处理。在遇到具体问题时，制订具体的操作规范，在各自的职责范围内做好突发公共卫生事件应急处理，员工工作中要第一时间、第一现场、第一人员对突发公共卫生事件和可能发生的公共卫生事件作出快速反应，及时报告部门领导，启动预案。

8.3.2　酒店公共卫生安全控制与管理

　　（1）以预防性管理策略为主

　　通过制订应急预案、分流游客、严格控制参观人数等多重措施来减小安全隐患，形成对客流的有效控制。设置一些醒目标识，关闭人流聚集场所。例如，新型冠状病毒疫情期间，对酒店顾客要进行追踪溯源、登记、测温、75% 的酒精消杀等措施。

　　（2）避免高聚集游客群的形成

　　酒店可以通过预约制、"双限制"、主客分流制、分时段优惠促销等措施来有效避免酒店高聚集游客群的形成，减少不必要的接触，降低高聚集游客群形成后带来的各类风险隐患。近年来，一些旅游和酒店大数据的平台，也在重要节假日进行了热度排行，预测游客高聚集的热点区域。

　　（3）科技赋能酒店公共卫生安全控制与管理

　　以高新技术为基础，加强日常监测，实现对重点人员实施全方位监控。此外，需要构建快速预警机制，将检测到的异常情况快速传递到各岗位；依靠物联网和移动信息等新技术，以智能终端设备为载体，通过数字化、智能化、网络化的运营与服务，适当引入智能机器人的应用，实现企业高效管理。如新型冠状病毒疫情期间，在酒店大堂入口处设置体温测量，安排专人负责体温测量，有条件的酒店使用红外线或热成像测温仪测量，对出入酒店的人员进行体温检测。

（4）相信科学、依靠科学，定期举办专项培训

定期邀请专业人员为酒店员工开展公共卫生事件防治专项培训，提升员工自身安全保障能力和酒店总体风险防控能力。将公共卫生安全事件的科学预防、应急处理融入日常工作标准中，构建科学、卫生、有效的工作规范和要求。

（5）注重对顾客的心理疏导与管理

酒店应避免因为过度防御或者属于防范，给顾客带来心理危机包袱。通过改进卫生安全服务、传播公共卫生安全知识、加强食材安全管理，实施有效的预防措施，营造安全氛围，以缓解顾客内心的负面情绪，让游客转移到其他体验，而弱化身处酒店公共场所或陌生消费环境的"心理紧张"。如在新型冠状病毒疫情期间，酒店积极推行分餐制，使用公筷、公勺。

（6）做好日常卫生清洁和消杀工作

营业场所做好及时通风，公共环境定时消杀，客用物品一客一消毒，阻断病毒传播路径和生存环境。重点区域、关键服务环节要形成专门应对措施。如在新型冠状病毒疫情期间，酒店电梯间专门应对措施为：在电梯门口提供免洗消毒杀菌洗手液；电梯按钮覆盖塑料膜，便于日常消毒；电梯间内提供一次性纸巾，供入住人员触摸电梯按钮；电梯内提供医用废弃垃圾桶，便于丢弃一次性纸巾；分隔标识电梯地面空间，限制一次性乘坐电梯人数。

（7）革新酒店硬件设施

已建成酒店要熟悉病毒传播途径，改进硬件设施，避免因硬件条件导致病毒传播。如酒店出入口相对独立且交通便利，不与居民楼共用出入通道；客房具有可开启外窗或者机械通风系统；空调系统要采用无空气交换的设备；酒店室外设置污水处理消杀设施。

（8）加强上下游产业链的安全合作

酒店经营中，需从下游采购原材料、服务，与OTA平台、旅行社、政府机关广泛合作，确保产业链的安全。如在食品采购中的冷链管理，确保食品可溯源、可追踪，布草洗涤和消毒，要增加公共卫生防疫要求的新内容。在武汉突发新型冠状病毒疫情后，2020年1月21日起至1月31日春节期间，武汉地区酒店、门票、用车订单，携程、去哪儿、飞猪提供免费取消保障；亚朵酒店称，即日起至1月31日春节期间已预订的武汉地区酒店订单，亚朵提供免费取消保障。

总体来看，食品卫生和公共卫生的重要性，再一次被重新认识和关注。有实力、有规模、有安全保障的酒店或酒店集团受到旅游者的更多信任。习近平总书记在中央全面深化改革委员会第十二次会议上提出："要鼓励运用大数据、人工智能、云计算等数字技

术，在疫情监测分析、病毒溯源、防控救治、资源调配等方面更好发挥支撑作用。"有实力、连锁化的酒店集团，显然具有技术革新的优势，疫情终将会过去，那时将会带来新一轮的酒店发展格局。

面对公共卫生事件时，需要酒店方在注重防控的前提下，恢复市场信心，促进多元酒店消费产品的开发、酒店市场组织模式的创新、顾客消费体验的提升和旅游市场监管科学化，既需要更多的安全科技创新保障，也需要旅游消费主体、市场主体和行政监管主体对旅游安全的共同关注与投入。从应对新冠肺炎重大疫情的实践来看，人工智能对于公共卫生安全风险的有效识别、评估、评价和管理有着重要意义，在风险治理中虽取得初步成效，但在技术、政策、管理和应用层面上仍面临诸多制约。但是随着社会进步，科技革新，相信在面对公共卫生安全中，以人工智能为核心的科学技术，将会发挥越来越大的作用。

【教学实践】

组织学生参观酒店，对酒店运营管理中公共卫生安全控制点、控制与管理方案进行研讨，并提出设计文案。

【本章自测】

1. 简述酒店公共卫生安全的内容。
2. 简述酒店公共卫生安全控制中可能存在的问题。
3. 结合实际说明酒店公共卫生安全控制与管理的应对措施。

附　录

有关酒店安全法规

1. 旅馆业治安管理办法（2011年修订）

第一条 为了保障旅馆业的正常经营和旅客的生命财物安全，维护社会治安，制定本办法。

第二条 凡经营接待旅客住宿的旅馆、饭店、宾馆、招待所、客货栈、车马店、浴池等（以下统称旅馆），不论是国营、集体经营，还是合伙经营、个体经营、中外合资、中外合作经营，不论是专营还是兼营，不论是常年经营，还是季节性经营，都必须遵守本办法。

第三条 开办旅馆，其房屋建筑、消防设备、出入口和通道等，必须符合《中华人民共和国消防条例》等有关规定，并且要具备必要的防盗安全设施。

第四条 申请开办旅馆，应经主管部门审查批准，经当地公安机关签署意见，向工商行政管理部门申请登记，领取营业执照后，方准开业。

经批准开业的旅馆，如有歇业、转业、合并、迁移、改变名称等情况，应当在工商行政管理部门办理变更登记后3日内，向当地的县、市公安局、公安分局备案。

第五条 经营旅馆，必须遵守国家的法律，建立各项安全管理制度，设置治安保卫组织或者指定安全保卫人员。

第六条 旅馆接待旅客住宿必须登记。登记时，应当查验旅客的身份证件，按规定的项目如实登记。接待境外旅客住宿，还应当在24小时内向当地公安机关报送住宿登记表。

第七条 旅馆应当设置旅客财物保管箱、柜或者保管室、保险柜，指定专人负责保管工作。对旅客寄存的财物，要建立登记、领取和交接制度。

第八条 旅馆对旅客遗留的物品，应当妥为保管，设法归还原主或揭示招领；经招领3个月后无人认领的，要登记造册，送当地公安机关按拾遗物品处理。对违禁物品和可疑物品，应当及时报告公安机关处理。

第九条 旅馆工作人员发现违法犯罪分子、形迹可疑的人员和被公安机关通缉的罪犯，应当立即向当地公安机关报告，不得知情不报或隐瞒包庇。

第十条 在旅馆内开办舞厅、音乐茶座等娱乐、服务场所的，除执行本办法有关规定外，还应当按照国家和当地政府的有关规定管理。

第十一条　严禁旅客将易燃、易爆、剧毒、腐蚀性和放射性等危险物品带入旅馆。

第十二条　旅馆内，严禁卖淫、嫖宿、赌博、吸毒、传播淫秽物品等违法犯罪活动。

第十三条　旅馆内，不得酗酒滋事、大声喧哗，影响他人休息，旅客不得私自留客住宿或者转让床位。

第十四条　公安机关对旅馆治安管理的职责是：指导、监督旅馆建立各项安全管理制度和落实安全防范措施，协助旅馆对工作人员进行安全业务知识的培训，依法惩办侵犯旅馆和旅客合法权益的违法犯罪分子。

公安人员到旅馆执行公务时，应当出示证件，严格依法办事，要文明礼貌待人，维护旅馆的正常经营和旅客的合法权益。旅馆工作人员和旅客应当予以协助。

第十五条　违反本办法第四条规定开办旅馆的，公安机关可以酌情给予警告或者处以200元以下罚款；未经登记，私自开业的，公安机关应当协助工商行政管理部门依法处理。

第十六条　旅馆工作人员违反本办法第九条规定的，公安机关可以酌情给予警告或者处以200元以下罚款；情节严重构成犯罪的，依法追究刑事责任。

旅馆负责人参与违法犯罪活动，其所经营的旅馆已成为犯罪活动场所的，公安机关除依法追究其责任外，对该旅馆还应当会同工商行政管理部门依法处理。

第十七条　违反本办法第六、十一、十二条规定的，依照《中华人民共和国治安管理处罚条例》有关条款的规定，处罚有关人员；发生重大事故、造成严重后果构成犯罪的，依法追究刑事责任。

第十八条　当事人对公安机关的行政处罚决定不服的，按照《中华人民共和国治安管理处罚条例》第一百零二条的规定办理。

第十九条　省、自治区、直辖市公安厅（局）可根据本办法制定实施细则，报请当地人民政府批准后施行，并报公安部备案。

第二十条　本办法自公布之日起施行。1951年8月15日公布的《城市旅栈业暂行管理规则》同时废止。

2. 旅游安全管理暂行办法

第一章　总　则

第一条　为加强旅游安全管理工作，保障旅游者人身、财物安全，根据有关法律、法规，制定本办法。

第二条　旅游安全管理工作应当贯彻"安全第一，预防为主"的方针。

第三条　本办法适用于从事经营旅游业务的企、事业单位。

第四条　各级旅游行政管理部门负责组织实施本办法。

第二章　安全管理

第五条　旅游安全管理工作应遵循统一指导、分级管理、以基层为主的原则。

第六条　各级旅游行政管理部门，必须建立和完善旅游安全管理机构。

第七条　各级旅游行政管理部门，在当地政府的领导下，会同有关部门，对旅游安全进行管理。

第八条　旅游安全管理机构的职责：

（一）指导、督促、检查本地区旅游企、事业单位贯彻执行本办法及国家制定的涉及旅游安全的各项法规的情况；

（二）组织、实施旅游安全教育和宣传；

（三）会同有关部门对旅游企、事业单位进行开业前的安全设施检查验收工作；

（四）督促、检查旅游企、事业单位落实有关旅游者人身、财物安全的保险制度；

（五）受理旅游者有关安全问题的投诉，并会同有关部门妥善处理；

（六）建立和健全安全检查工作制度，定期召开安全工作会议；

（七）参与涉及旅游者人身、财物安全的事故处理。

第三章　事故处理

第九条　事故发生单位在事故发生后，应按下列程序处理：

（一）陪同人员应当立即上报主管部门，主管部门应当及时报告归口管理部门；

（二）会同事故发生地的有关单位严格保护现场；

（三）协同有关部门进行抢救、侦查；

（四）有关单位负责人应及时赶赴现场处理；

（五）对特别重大事故，应当严格按照国务院《特别重大事故调查程序暂行规定》进行处理。

第十条 处理外国旅游者重大伤亡事故时，应当注意下列事项：

（一）立即通过外事管理部门通知有关国家驻华使领馆和组团单位；

（二）为前来了解、处理事故的外国使领馆人员和组团单位及伤亡者家属提供方便；

（三）与有关部门协调，为国际急救组织前来参与对在国外投保的旅游者（团）的伤亡处理提供方便；

（四）对在华死亡的外国旅游者严格按照外交部《外国人在华死亡后的处理程序》进行处理。

第十一条 对于外国旅游者的赔偿，按照国家有关保险规定妥善处理。

第十二条 事故处理后，立即写出事故调查报告，其内容包括：

（一）事故经过及处理；

（二）事故原因及责任；

（三）事故教训；

（四）今后防范措施。

第四章 奖励与惩罚

第十三条 在旅游安全工作中做出显著成绩或有突出贡献的单位或个人，给予表彰或奖励。

第十四条 对违反有关安全法规而造成旅游者伤亡事故和不履行本办法的，由旅游行政管理部门会同有关部门分别给予直接责任人和责任单位以下处罚：

（一）警告；

（二）罚款；

（三）限期整改；

（四）停业整顿；

（五）吊销营业执照。

触犯刑律者，由司法机关依法追究。

第五章 附 则

第十五条 本办法由国家旅游局负责解释。

第十六条 各省、自治区、直辖市旅游局可根据本办法，结合本地区的实际情况制定实施办法，并报国家旅游局备案。

第十七条 本办法自 1990 年 3 月 1 日起施行。

3. 旅游安全管理暂行办法实施细则

第一章　总　则

第一条　为贯彻落实《旅游安全管理暂行办法》，特制定本细则。

第二章　安全管理

第二条　旅游安全管理工作实行在国家旅游管理部门的统一领导下，各级旅游行政管理部门分级管理的体制。

第三条　各级旅游行政管理部门依法保护旅游者的人身、财物安全。

第四条　国家旅游行政管理部门安全管理工作的职责是：

（一）制定国家旅游安全管理规章，并组织实施；

（二）会同国家有关部门对旅游安全实行综合治理，协调处理旅游安全事故和其他安全问题；

（三）指导、检查和监督各级旅游行政管理部门和旅游企事业单位的旅游安全管理工作；

（四）负责全国旅游安全管理的宣传、教育工作，组织旅游安全管理人员的培训工作；

（五）协调重大旅游安全事故的处理工作；

（六）负责全国旅游安全管理方面的其他有关事项。

第五条　县级以上（含县级）地方旅游行政管理部门的职责是：

（一）贯彻执行国家旅游安全法规；

（二）制定本地区旅游安全管理的规章制度，并组织实施；

（三）协同工商、公安、卫生等有关部门，对新开业的旅游企事业单位的安全管理机构、规定制度及其消防、卫生防疫等安全设施、设备进行检查，参加开业前的验收工作；

（四）协同公安、卫生、园林等有关部门，开展对旅游安全环境的综合治理工作，防止向旅游者敲诈、勒索、围堵等不法行为的发生；

（五）组织和实施对旅游安全管理人员的宣传、教育和培训工作；

（六）参与旅游安全事故的处理工作；

（七）受理本地区涉及旅游安全问题的投诉；

（八）负责本地区旅游安全管理的其他事项。

第六条　旅行社、旅游饭店、旅游汽车和游船公司、旅游购物商店、旅游娱乐场所和其他经营旅游业务的企事业单位是旅游安全管理工作的基层单位，其安全管理工作的职责是：

（一）设立安全管理机构，配备安全管理人员；

（二）建立安全规章制度，并组织实施；

（三）建立安全管理责任制，将安全管理的责任落实到每个部门、每个岗位、每个职工；

（四）接受当地旅游行政管理部门对旅游安全管理工作的行业管理和检查、监督；

（五）把安全教育、职工培训制度化、经常化，培养职工的安全意识，普及安全常识，提高安全技能，对新招聘的职工，必须经过安全培训，合格后才能上岗；

（六）新开业的旅游企事业单位，在开业前必须向当地旅游行政管理部门申请对安全设施设备、安全管理机构、安全规章制度的检查验收，检查验收不合格者，不得开业；

（七）坚持日常的安全检查工作，重点检查安全规章制度的落实情况和安全管理漏洞，及时消除不安全隐患；

（八）对用于接待旅游者的汽车、游船和其他设施，要定期进行维修和保养，使其始终处于良好的安全技术状况，在运营前进行全面的检查，严禁带故障运行；

（九）对旅游者的行李要有完备的交接手续，明确责任，防止损坏或丢失；

（十）在安排旅游团队的游览活动时，要认真考虑可能影响安全的诸项因素，制订周密的行程计划，并注意避免司机处于过分疲劳状态；

（十一）负责为旅游者投保；

（十二）直接参与处理涉及单位的旅游安全事故，包括事故处理、善后处理及赔偿事项等；

（十三）开展登山、汽车、狩猎、探险等特殊旅游项目时，要事先制订周密的安全保护预案和急救措施，重要团队需按规定报有关部门审批。

第三章　事故处理

第七条　凡涉及旅游者人身、财物安全的事故均为旅游安全事故。

第八条　旅游安全事故分为轻微、一般、重大和特大事故四个等级：

（一）轻微事故是指一次事故造成旅游者轻伤，或经济损失在 1 万元以下者；

（二）一般事故是指一次事故造成旅游者重伤，或经济损失在 1 万至 10 万（含 1 万）元者；

（三）重大事故是指一次事故造成旅游者死亡或旅游者重伤致残，或经济损失在 10 万至 100 万（含 10 万）元者；

（四）特大事故是指一次事故造成旅游者死亡多名，或经济损失在 100 万元以上，或性质特别严重，产生重大影响者。

第九条　事故发生后，现场有关人员应立即向本单位和当地旅游行政管理部门报告。

第十条　地方旅游行政管理部门在接到一般、重大、特大安全事故报告后，要尽快向当地人民政府报告，对重大、特大安全事故，要同时向国家旅游行政管理部门报告。

第十一条　一般、重大、特大安全事故发生后，地方旅游行政管理部门和有关旅游企事业单位要积极配合有关方面，组织对旅游者进行紧急救援，并妥善处理善后事宜。

第四章　奖励与惩罚

第十二条　对在旅游安全管理工作中有下列先进事迹之一的单位，由各级旅游行政管理部门进行评比考核，给予表扬和奖励：

（一）旅游安全管理制度健全，预防措施落实，安全教育普及，安全宣传和培训工作扎实，在防范旅游安全事故方面成绩突出，一年内未发生一般性事故的；

（二）协助事故发生单位进行紧急救助、避免重大损失，成绩突出的；

（三）在旅游安全其他方面做出突出成绩的。

第十三条　对在旅游安全管理工作中有下列先进事迹之一的个人，由各级旅游行政管理部门进行评比考核，给予表扬和奖励：

（一）热爱旅游安全工作，在防范和杜绝本单位发生安全事故方面成绩突出的；

（二）见义勇为，救助旅游者，或保护旅游者财物安全不受重大损失的；

（三）及时发现事故隐患，避免重大事故发生的；

（四）在旅游安全其他方面做出突出成绩的。

第十四条　对在旅游安全管理工作中有下列情形之一者，由各级旅游行政管理部门检查落实，对当事人或当事单位负责人给予批评或处罚：

（一）严重违反旅游安全法规，发生一般、重大、特大安全事故者；

（二）对可能引发安全事故的隐患，长期不能发现和消除，导致重大、特大安全事故发生者；

（三）旅游安全设施、设备不符合标准和技术要求，长期无人负责，不予整改者；

（四）旅游安全管理工作混乱，造成恶劣影响者。

第五章　附　则

第十五条　本实施细则由国家旅游局负责解释。

第十六条　本实施细则自 1994 年 3 月 1 日起施行。

4. 重大旅游安全事故报告制度试行办法

第一条　为及时了解和妥善处理好重大旅游安全事故，特制定本办法。

第二条　本办法所称重大旅游安全事故是指：

（1）造成海外旅游者人身重伤、死亡的事故；

（2）涉外旅游住宿、交通、游览、餐饮、娱乐、购物场所的重大火灾及其他恶性事故；

（3）造成其他经济损失严重的事故。

第三条　各省、自治区、直辖市、计划单列市旅游行政管理部门和参加"中国旅游紧急救援协调机构"联络网的单位（以下简称"报告单位"），都有责任将重大旅游安全事故上报"中国旅游紧急救援协调机构"。

第四条　报告单位在接到旅游景区、饭店、交通途中或其他场合发生的重大旅游安全事故的报告后，除向当地有关部门报告外，应同时以电传、电话或其他有效方式直接向"中国旅游紧急救援协调机构"报告事故发生的情况。

第五条　重大旅游安全事故的报告内容主要包括：

1. 事故发生后的首次报告内容：

（1）事故发生的时间、地点；

（2）事故发生的初步情况；

（3）事故接待单位及与事故有关的其他单位；

（4）报告人的姓名、单位和联系电话。

2. 事故处理过程中的报告内容：

（1）伤亡情况及伤亡人员姓名、性别、年龄、国籍、团名、护照号码；

（2）事故处理的进展情况；

（3）对事故原因的分析；

（4）有关方面的反映和要求；

（5）其他需要请示或报告的事项。

3. 事故处理结束后，报告单位需认真总结事故发生和处理的情况，并做出书面报告，

内容包括:

（1）事故经过及处理；

（2）事故原因及责任；

（3）事故教训及今后防范措施；

（4）善后处理过程及赔偿情况；

（5）有关方面及事故家属的反映；

（6）事故遗留问题及其他。

第六条 "中国旅游紧急救援协调机构"在接到报告单位的报告应及时向有关方面通报情况，并对所请示的问题做出答复。

第七条 "中国旅游紧急救援协调机构"设在国家旅游局综合司。

第八条 本办法自印发之日起施行，由国家旅游局负责解释和修订。

5. 重大旅游安全事故处理程序试行办法

第一条　为做好重大旅游安全事故的处理工作，特制定本办法。

第二条　重大旅游安全事故是指：

（1）造成海外旅游者人身重伤、死亡的事故；

（2）涉外旅游住宿、交通、游览、餐饮、娱乐、购物场所的重大火灾及其他恶性事故；

（3）其他经济损失严重的事故。

第三条　重大旅游安全事故发生后，报告单位（见《重大旅游安全事故报告制度试行办法》第三条）应执行《重大旅游安全事故报告制度试行办法》，并按本程序做好有关事故处理工作。

第四条　事故处理原则上是由事故发生地区、政府协调有关部门以及事故责任方及其主管部门负责，必要时可成立事故处理领导小组。

第五条　事故发生后，报告单位应立即派人赶赴现场，组织抢救工作，保护事故现场，并及时报告当地公安部门。报告单位如不属于事故责任方或责任方的主管部门，应按照事故处理领导小组的部署做好有关工作。

第六条　在公安部门人员未进入事故现场前，如因现场抢救工作需移动物证时，应做出标记，尽量保护事故现场的客观完整。

第七条　有伤亡情况的，应立即组织医护人员进行抢救，并及时报告当地卫生部门。

第八条　伤亡事故发生后，报告单位应在及时组织救护的同时，核查伤亡人员的团队名称、国籍、姓名、性别、年龄、护照号码以及在国内外的保险情况，并进行登记。有死亡事故的，应注意保护好遇难者的遗骸、遗体。对事故现场的行李和物品，要认真清理和保护，并逐项登记造册。

第九条　伤亡人员中有海外游客的，责任方和报告单位在对伤亡人员核查清楚后，要及时报告当地外办和中国旅游紧急救援协调机构；由后者负责通知有关方面。中国旅游紧急救援协调机构在接到报告后，还将及时通知有关国际急救组织；后者做出介入决策后，有关地方要协助配合其开展救援工作。

第十条 伤亡人员中有海外游客的，有关组团旅行社应及时通知有关海外旅行社或旅游局，并向伤亡者家属发慰问函电。

第十一条 在伤亡事故的处理过程中，责任方及其主管部门要认真做好伤亡家属的接待、遇难者的遗体和遗物的处理以及其他善后工作，并负责联系有关部门为伤残者或伤亡者家属提供以下证明文件：

（1）为伤残人员提供医疗部门出具的"伤残证明书"。

（2）为骨灰遣返者提供：法医出具的"死亡鉴定书"；丧葬部门出具的"火化证明书"。

（3）为遗体遣返者提供：法医出具的"死亡鉴定书"；医院出具的"尸体防腐证明书"；防疫部门检疫后出具的"棺柩出境许可证"。

第十二条 责任方及其主管部门要妥善处理好对伤亡人员的赔偿问题。报告单位要协助责任方按照国家有关规定办理对伤亡人员及其家属进行人身伤亡及财物损失的赔偿；协助保险公司办理对购买入境旅游保险者的保险赔偿。

第十三条 事故处理结束后，报告单位要和责任方及其他有关方面一起，认真总结经验教训，进一步改进和加强安全管理措施，防止类似事故再次发生。

第十四条 本办法自印发之日起施行，由国家旅游局负责解释和修订。

6. 国家旅游局关于加强旅游涉外饭店安全管理严防恶性案件发生的通知

进入 20 世纪 90 年代以来，我国旅游业进一步加快了发展步伐，每年接待海外旅游者人数和旅游外汇收入数都有大幅度增长。各地旅游部门、公安机关为保障来华外国游客人身财物安全做了大量工作，大多数旅游涉外饭店（以下简称"饭店"）都建立了安全管理的规章制度，对防止侵害外国游客的犯罪活动起了积极作用。但是，由于一些地方的治安状况不好，一些饭店领导和员工的安全管理意识淡薄，安全管理工作松弛，给犯罪分子在饭店内作案以可乘之机。继去年 5 月 19 日在昆明翠湖宾馆发生两名日本游客被杀害的案件后，今年又相继发生了 5 月 25 日一名美国客商在昆明锦华大饭店被杀害，6 月 7 日三名日本游客在西安长安城堡大饭店被杀害的案件。这些恶性案件的发生，严重损害了我国旅游业和旅馆业的声誉，必须引起各地旅游部门、公安机关的高度警觉和重视。为了维护我国旅游业和旅馆业的国际声誉和安全形象，保证海外旅游者在我国旅行时的人身、财物安全，特就有关问题通知如下：

一、饭店安全管理工作的主要任务是，防止火灾和食物中毒等灾害事故的发生，防止暴力犯罪和盗窃案件，确保旅客的人身、财物安全，同时要防止危害国家安全的破坏活动以及卖淫、嫖娼等违法犯罪活动的发生。各饭店要据此建立健全必要的规章制度，并抓好落实，尤其要落实安全岗位责任制。各级旅游部门和公安机关要进行经常性的检查监督，对安全管理工作做得好的饭店进行表扬和奖励，对安全管理工作落实不好的饭店要提出批评和改进意见，并责令其限期整改。

二、旅游部门要同公安机关密切合作。各地旅游部门和旅游饭店要及时掌握饭店及周围环境中的不安全因素，研究采取相应的对策，并主动向公安机关通报情况。公安机关要及时将当地社会治安状况和需要饭店注意防范的问题向旅游部门和饭店通报。

三、各饭店要本着"内紧外松"的原则，进一步加强安全管理。要严格执行旅客住宿验证登记制度，对重点旅游团队的宾客要加强安全保卫措施。要对进出饭店的可疑人员进行盘查，对重点可疑人员进行监视。针对去年以来在饭店客房内发生的三起外国游客被杀害案件的共同特点，特别要加强对饭店楼层的安全管理，严防不法分子进入客房作案。饭店要安装必要的防盗、防爆、防火等技术防范设施，有条件的饭店要尽快设置安全监视系统，并充分发挥其作用。各饭店要就此问题进行专门研究，根据本饭店的具体情况，制订出切实可行的防范措施。一经发现有可疑的人或事，要及时向公安机关报告。

四、提高饭店领导和全体员工的安全管理意识，切实树立"没有安全就没有旅游""安全形象不佳就会影响饭店经营"观念。要把安全管理工作列入重要议事日程，经常研究，及时解决存在的问题。旅游部门和饭店要把好进人关，不符合条件的不能录用；凡被饭店开除的，其他饭店不准再录用。公安机关要积极协助饭店做好从业人员的安全培训工作，提高他们安全管理和识别违法犯罪分子的能力，特别是饭店中重要部位的从业人员，如登记员、保安员，须经过培训后方准上岗。旅游部门和公安机关在研究和实施加强对饭店的安全防范措施中，既要不违背我国的法律规定，又要注意内外有别，按国际惯例办事，尽量避免引起海外旅游者的反感和非议。各省、自治区、直辖市旅游局、公安厅（局）接此通知后，要传达到有关地方的旅游局、公安局，由地方旅游局负责传达到各饭店（外资饭店传达到中方负责人），并认真抓好贯彻落实工作。贯彻落实中的情况和问题，请综合报国家旅游局综合业务司和公安部三局。

7. 中华人民共和国治安管理处罚法

第一章　总　则

第一条　为维护社会治安秩序，保障公共安全，保护公民、法人和其他组织的合法权益，规范和保障公安机关及其人民警察依法履行治安管理职责，制定本法。

第二条　扰乱公共秩序，妨害公共安全，侵犯人身权利、财产权利，妨害社会管理，具有社会危害性，依照《中华人民共和国刑法》的规定构成犯罪的，依法追究刑事责任；尚不够刑事处罚的，由公安机关依照本法给予治安管理处罚。

第三条　治安管理处罚的程序，适用本法的规定；本法没有规定的，适用《中华人民共和国行政处罚法》的有关规定。

第四条　在中华人民共和国领域内发生的违反治安管理行为，除法律有特别规定的以外，适用本法。

在中华人民共和国船舶和航空器内发生的违反治安管理行为，除法律有特别规定的以外，适用本法。

第五条　治安管理处罚必须以事实为依据，与违反治安管理行为的性质、情节以及社会危害程度相当。

实施治安管理处罚，应当公开、公正，尊重和保障人权，保护公民的人格尊严。

办理治安案件应当坚持教育与处罚相结合的原则。

第六条　各级人民政府应当加强社会治安综合治理，采取有效措施，化解社会矛盾，增进社会和谐，维护社会稳定。

第七条　国务院公安部门负责全国的治安管理工作。县级以上地方各级人民政府公安机关负责本行政区域内的治安管理工作。

治安案件的管辖由国务院公安部门规定。

第八条　违反治安管理的行为对他人造成损害的，行为人或者其监护人应当依法承担民事责任。

第九条　对于因民间纠纷引起的打架斗殴或者损毁他人财物等违反治安管理行为，情节较轻的，公安机关可以调解处理。经公安机关调解、当事人达成协议的，不予处罚。

经调解未达成协议或者达成协议后不履行的，公安机关应当依照本法的规定对违反治安管理行为人给予处罚，并告知当事人可以就民事争议依法向人民法院提起民事诉讼。

第二章　处罚的种类和适用

第十条　治安管理处罚的种类分为：

（一）警告；

（二）罚款；

（三）行政拘留；

（四）吊销公安机关发放的许可证。

对违反治安管理的外国人，可以附加适用限期出境或者驱逐出境。

第十一条　办理治安案件所查获的毒品、淫秽物品等违禁品，赌具、赌资，吸食、注射毒品的用具以及直接用于实施违反治安管理行为的本人所有的工具，应当收缴，按照规定处理。

违反治安管理所得的财物，追缴退还被侵害人；没有被侵害人的，登记造册，公开拍卖或者按照国家有关规定处理，所得款项上缴国库。

第十二条　已满十四周岁不满十八周岁的人违反治安管理的，从轻或者减轻处罚；不满十四周岁的人违反治安管理的，不予处罚，但是应当责令其监护人严加管教。

第十三条　精神病人在不能辨认或者不能控制自己行为的时候违反治安管理的，不予处罚，但是应当责令其监护人严加看管和治疗。间歇性的精神病人在精神正常的时候违反治安管理的，应当给予处罚。

第十四条　盲人或者又聋又哑的人违反治安管理的，可以从轻、减轻或者不予处罚。

第十五条　醉酒的人违反治安管理的，应当给予处罚。

醉酒的人在醉酒状态中，对本人有危险或者对他人的人身、财产或者公共安全有威胁的，应当对其采取保护性措施约束至酒醒。

第十六条　有两种以上违反治安管理行为的，分别决定，合并执行。行政拘留处罚合并执行的，最长不超过二十日。

第十七条　共同违反治安管理的，根据违反治安管理行为人在违反治安管理行为中所起的作用，分别处罚。

教唆、胁迫、诱骗他人违反治安管理的，按照其教唆、胁迫、诱骗的行为处罚。

第十八条　单位违反治安管理的，对其直接负责的主管人员和其他直接责任人员依照本法的规定处罚。其他法律、行政法规对同一行为规定给予单位处罚的，依照其规定处罚。

第十九条　违反治安管理有下列情形之一的，减轻处罚或者不予处罚：

（一）情节特别轻微的；

（二）主动消除或者减轻违法后果，并取得被侵害人谅解的；

（三）出于他人胁迫或者诱骗的；

（四）主动投案，向公安机关如实陈述自己的违法行为的；

（五）有立功表现的。

第二十条　违反治安管理有下列情形之一的，从重处罚：

（一）有较严重后果的；

（二）教唆、胁迫、诱骗他人违反治安管理的；

（三）对报案人、控告人、举报人、证人打击报复的；

（四）六个月内曾受过治安管理处罚的。

第二十一条　违反治安管理行为人有下列情形之一，依照本法应当给予行政拘留处罚的，不执行行政拘留处罚：

（一）已满十四周岁不满十六周岁的；

（二）已满十六周岁不满十八周岁，初次违反治安管理的；

（三）七十周岁以上的；

（四）怀孕或者哺乳自己不满一周岁婴儿的。

第二十二条　违反治安管理行为在六个月内没有被公安机关发现的，不再处罚。

前款规定的期限，从违反治安管理行为发生之日起计算；违反治安管理行为有连续或者继续状态的，从行为终了之日起计算。

第三章　违反治安管理的行为和处罚

第一节　扰乱公共秩序的行为和处罚

第二十三条　有下列行为之一的，处警告或者二百元以下罚款；情节较重的，处五日以上十日以下拘留，可以并处五百元以下罚款：

（一）扰乱机关、团体、企业、事业单位秩序，致使工作、生产、营业、医疗、教学、科研不能正常进行，尚未造成严重损失的；

（二）扰乱车站、港口、码头、机场、商场、公园、展览馆或者其他公共场所秩序的；

（三）扰乱公共汽车、电车、火车、船舶、航空器或者其他公共交通工具上的秩序的；

（四）非法拦截或者强登、扒乘机动车、船舶、航空器以及其他交通工具，影响交通工具正常行驶的；

（五）破坏依法进行的选举秩序的。

聚众实施前款行为的，对首要分子处十日以上十五日以下拘留，可以并处一千元以下罚款。

第二十四条 有下列行为之一，扰乱文化、体育等大型群众性活动秩序的，处警告或者二百元以下罚款；情节严重的，处五日以上十日以下拘留，可以并处五百元以下罚款：

（一）强行进入场内的；

（二）违反规定，在场内燃放烟花爆竹或者其他物品的；

（三）展示侮辱性标语、条幅等物品的；

（四）围攻裁判员、运动员或者其他工作人员的；

（五）向场内投掷杂物，不听制止的；

（六）扰乱大型群众性活动秩序的其他行为。

因扰乱体育比赛秩序被处以拘留处罚的，可以同时责令其十二个月内不得进入体育场馆观看同类比赛；违反规定进入体育场馆的，强行带离现场。

第二十五条 有下列行为之一的，处五日以上十日以下拘留，可以并处五百元以下罚款；情节较轻的，处五日以下拘留或者五百元以下罚款：

（一）散布谣言，谎报险情、疫情、警情或者以其他方法故意扰乱公共秩序的；

（二）投放虚假的爆炸性、毒害性、放射性、腐蚀性物质或者传染病病原体等危险物质扰乱公共秩序的；

（三）扬言实施放火、爆炸、投放危险物质扰乱公共秩序的。

第二十六条 有下列行为之一的，处五日以上十日以下的拘留，可以并处五百元以下罚款；情节较重的，处十日以上十五日以下拘留，可以并处一千元以下罚款：

（一）结伙斗殴的；

（二）追逐、拦截他人的；

（三）强拿硬要或者任意损毁、占用公私财物的；

（四）其他寻衅滋事行为。

第二十七条 有下列行为之一的，处十日以上十五日以下拘留，可以并处一千元以下罚款；情节较轻的，处五日以上十日以下拘留，可以并处五百元以下罚款：

（一）组织、教唆、胁迫、诱骗、煽动他人从事邪教、会道门活动或者利用邪教、会道门、迷信活动，扰乱社会秩序、损害他人身体健康的；

（二）冒用宗教、气功名义进行扰乱社会秩序、损害他人身体健康活动的。

第二十八条　违反国家规定，故意干扰无线电业务正常进行的，或者对正常运行的无线电台（站）产生有害干扰，经有关主管部门指出后，拒不采取有效措施消除的，处五日以上十日以下拘留；情节严重的，处十日以上十五日以下拘留。

第二十九条　有下列行为之一的，处五日以下拘留；情节较重的，处五日以上十日以下拘留：

（一）违反国家规定，侵入计算机信息系统，造成危害的；

（二）违反国家规定，对计算机信息系统功能进行删除、修改、增加、干扰，造成计算机信息系统不能正常运行的；

（三）违反国家规定，对计算机信息系统中存储、处理、传输的数据和应用程序进行删除、修改、增加的；

（四）故意制作、传播计算机病毒等破坏性程序，影响计算机信息系统正常运行的。

第二节　妨害公共安全的行为和处罚

第三十条　违反国家规定，制造、买卖、储存、运输、邮寄、携带、使用、提供、处置爆炸性、毒害性、放射性、腐蚀性物质或者传染病病原体等危险物质的，处十日以上十五日以下拘留；情节较轻的，处五日以上十日以下拘留。

第三十一条　爆炸性、毒害性、放射性、腐蚀性物质或者传染病病原体等危险物质被盗、被抢或者丢失，未按规定报告的，处五日以下拘留；故意隐瞒不报的，处五日以上十日以下拘留。

第三十二条　非法携带枪支、弹药或者弩、匕首等国家规定的管制器具的，处五日以下拘留，可以并处五百元以下罚款；情节较轻的，处警告或者二百元以下罚款。

非法携带枪支、弹药或者弩、匕首等国家规定的管制器具进入公共场所或者公共交通工具的，处五日以上十日以下拘留，可以并处五百元以下罚款。

第三十三条　有下列行为之一的，处十日以上十五日以下拘留：

（一）盗窃、损毁油气管道设施、电力电信设施、广播电视设施、水利防汛工程设施或者水文监测、测量、气象测报、环境监测、地质监测、地震监测等公共设施的；

（二）移动、损毁国家边境的界碑、界桩以及其他边境标志、边境设施或者领土、领海标志设施的；

（三）非法进行影响国（边）界线走向的活动或者修建有碍国（边）境管理的设施的。

第三十四条　盗窃、损坏、擅自移动使用中的航空设施，或者强行进入航空器驾驶舱的，处十日以上十五日以下拘留。

在使用中的航空器上使用可能影响导航系统正常功能的器具、工具，不听劝阻的，处五日以下拘留或者五百元以下罚款。

第三十五条　有下列行为之一的，处五日以上十日以下拘留，可以并处五百元以下罚款；情节较轻的，处五日以下拘留或者五百元以下罚款：

（一）盗窃、损毁或者擅自移动铁路设施、设备、机车车辆配件或者安全标志的；

（二）在铁路线路上放置障碍物，或者故意向列车投掷物品的；

（三）在铁路线路、桥梁、涵洞处挖掘坑穴、采石取沙的；

（四）在铁路线路上私设道口或者平交过道的。

第三十六条　擅自进入铁路防护网或者火车来临时在铁路线路上行走坐卧、抢越铁路，影响行车安全的，处警告或者二百元以下罚款。

第三十七条　有下列行为之一的，处五日以下拘留或者五百元以下罚款；情节严重的，处五日以上十日以下拘留，可以并处五百元以下罚款：

（一）未经批准，安装、使用电网的，或者安装、使用电网不符合安全规定的；

（二）在车辆、行人通行的地方施工，对沟井坎穴不设覆盖物、防围和警示标志的，或者故意损毁、移动覆盖物、防围和警示标志的；

（三）盗窃、损毁路面井盖、照明等公共设施的。

第三十八条　举办文化、体育等大型群众性活动，违反有关规定，有发生安全事故危险的，责令停止活动，立即疏散；对组织者处五日以上十日以下拘留，并处二百元以上五百元以下罚款；情节较轻的，处五日以下拘留或者五百元以下罚款。

第三十九条　旅馆、饭店、影剧院、娱乐场、运动场、展览馆或者其他供社会公众活动的场所的经营管理人员，违反安全规定，致使该场所有发生安全事故危险，经公安机关责令改正，拒不改正的，处五日以下拘留。

第三节　侵犯人身权利、财产权利的行为和处罚

第四十条　有下列行为之一的，处十日以上十五日以下拘留，并处五百元以上一千元以下罚款；情节较轻的，处五日以上十日以下拘留，并处二百元以上五百元以下罚款：

（一）组织、胁迫、诱骗不满十六周岁的人或者残疾人进行恐怖、残忍表演的；

（二）以暴力、威胁或者其他手段强迫他人劳动的；

（三）非法限制他人人身自由、非法侵入他人住宅或者非法搜查他人身体的。

第四十一条　胁迫、诱骗或者利用他人乞讨的，处十日以上十五日以下拘留，可以并处一千元以下罚款。

反复纠缠、强行讨要或者以其他滋扰他人的方式乞讨的，处五日以下拘留或者警告。

第四十二条　有下列行为之一的，处五日以下拘留或者五百元以下罚款；情节较重的，处五日以上十日以下拘留，可以并处五百元以下罚款：

（一）写恐吓信或者以其他方法威胁他人人身安全的；

（二）公然侮辱他人或者捏造事实诽谤他人的；

（三）捏造事实诬告陷害他人，企图使他人受到刑事追究或者受到治安管理处罚的；

（四）对证人及其近亲属进行威胁、侮辱、殴打或者打击报复的；

（五）多次发送淫秽、侮辱、恐吓或者其他信息，干扰他人正常生活的；

（六）偷窥、偷拍、窃听、散布他人隐私的。

第四十三条　殴打他人的，或者故意伤害他人身体的，处五日以上十日以下拘留，并处二百元以上五百元以下罚款；情节较轻的，处五日以下拘留或者五百元以下罚款。

有下列情形之一的，处十日以上十五日以下拘留，并处五百元以上一千元以下罚款：

（一）结伙殴打、伤害他人的；

（二）殴打、伤害残疾人、孕妇、不满十四周岁的人或者六十周岁以上的人的；

（三）多次殴打、伤害他人或者一次殴打、伤害多人的。

第四十四条　猥亵他人的，或者在公共场所故意裸露身体，情节恶劣的，处五日以上十日以下拘留；猥亵智力残疾人、精神病人、不满十四周岁的人或者有其他严重情节的，处十日以上十五日以下拘留。

第四十五条　有下列行为之一的，处五日以下拘留或者警告：

（一）虐待家庭成员，被虐待人要求处理的；

（二）遗弃没有独立生活能力的被扶养人的。

第四十六条　强买强卖商品，强迫他人提供服务或者强迫他人接受服务的，处五日以上十日以下拘留，并处二百元以上五百元以下罚款；情节较轻的，处五日以下拘留或者五百元以下罚款。

第四十七条　煽动民族仇恨、民族歧视，或者在出版物、计算机信息网络中刊载民族歧视、侮辱内容的，处十日以上十五日以下拘留，可以并处一千元以下罚款。

第四十八条　冒领、隐匿、毁弃、私自开拆或者非法检查他人邮件的，处五日以下拘留或者五百元以下罚款。

第四十九条　盗窃、诈骗、哄抢、抢夺、敲诈勒索或者故意损毁公私财物的，处五日以上十日以下拘留，可以并处五百元以下罚款；情节较重的，处十日以上十五日以下拘留，可以并处一千元以下罚款。

第四节　妨害社会管理的行为和处罚

第五十条　有下列行为之一的，处警告或者二百元以下罚款；情节严重的，处五日以上十日以下拘留，可以并处五百元以下罚款：

（一）拒不执行人民政府在紧急状态情况下依法发布的决定、命令的；

（二）阻碍国家机关工作人员依法执行职务的；

（三）阻碍执行紧急任务的消防车、救护车、工程抢险车、警车等车辆通行的；

（四）强行冲闯公安机关设置的警戒带、警戒区的。

阻碍人民警察依法执行职务的，从重处罚。

第五十一条　冒充国家机关工作人员或者以其他虚假身份招摇撞骗的，处五日以上十日以下拘留，可以并处五百元以下罚款；情节较轻的，处五日以下拘留或者五百元以下罚款。

冒充军警人员招摇撞骗的，从重处罚。

第五十二条　有下列行为之一的，处十日以上十五日以下拘留，可以并处一千元以下罚款；情节较轻的，处五日以上十日以下拘留，可以并处五百元以下罚款：

（一）伪造、变造或者买卖国家机关、人民团体、企业、事业单位或者其他组织的公文、证件、证明文件、印章的；

（二）买卖或者使用伪造、变造的国家机关、人民团体、企业、事业单位或者其他组织的公文、证件、证明文件的；

（三）伪造、变造、倒卖车票、船票、航空客票、文艺演出票、体育比赛入场券或者其他有价票证、凭证的；

（四）伪造、变造船舶户牌，买卖或者使用伪造、变造的船舶户牌，或者涂改船舶发动机号码的。

第五十三条　船舶擅自进入、停靠国家禁止、限制进入的水域或者岛屿的，对船舶负责人及有关责任人员处五百元以上一千元以下罚款；情节严重的，处五日以下拘留，并处五百元以上一千元以下罚款。

第五十四条　有下列行为之一的，处十日以上十五日以下拘留，并处五百元以上一千元以下罚款；情节较轻的，处五日以下拘留或者五百元以下罚款：

（一）违反国家规定，未经注册登记，以社会团体名义进行活动，被取缔后，仍进行活动的；

（二）被依法撤销登记的社会团体，仍以社会团体名义进行活动的；

（三）未经许可，擅自经营按照国家规定需要由公安机关许可的行业的。

有前款第三项行为的，予以取缔。

取得公安机关许可的经营者，违反国家有关管理规定，情节严重的，公安机关可以吊销许可证。

第五十五条　煽动、策划非法集会、游行、示威，不听劝阻的，处十日以上十五日以下拘留。

第五十六条　旅馆业的工作人员对住宿的旅客不按规定登记姓名、身份证件种类和号码的，或者明知住宿的旅客将危险物质带入旅馆，不予制止的，处二百元以上五百元以下罚款。

旅馆业的工作人员明知住宿的旅客是犯罪嫌疑人员或者被公安机关通缉的人员，不向公安机关报告的，处二百元以上五百元以下罚款；情节严重的，处五日以下拘留，可以并处五百元以下罚款。

第五十七条　房屋出租人将房屋出租给无身份证件的人居住的，或者不按规定登记承租人姓名、身份证件种类和号码的，处二百元以上五百元以下罚款。

房屋出租人明知承租人利用出租房屋进行犯罪活动，不向公安机关报告的，处二百元以上五百元以下罚款；情节严重的，处五日以下拘留，可以并处五百元以下罚款。

第五十八条　违反关于社会生活噪声污染防治的法律规定，制造噪声干扰他人正常生活的，处警告；警告后不改正的，处二百元以上五百元以下罚款。

第五十九条　有下列行为之一的，处五百元以上一千元以下罚款；情节严重的，处五日以上十日以下拘留，并处五百元以上一千元以下罚款：

（一）典当业工作人员承接典当的物品，不查验有关证明、不履行登记手续，或者明知是违法犯罪嫌疑人、赃物，不向公安机关报告的；

（二）违反国家规定，收购铁路、油田、供电、电信、矿山、水利、测量和城市公用设施等废旧专用器材的；

（三）收购公安机关通报寻查的赃物或者有赃物嫌疑的物品的；

（四）收购国家禁止收购的其他物品的。

第六十条　有下列行为之一的，处五日以上十日以下拘留，并处二百元以上五百元以下罚款：

（一）隐藏、转移、变卖或者损毁行政执法机关依法扣押、查封、冻结的财物的；

（二）伪造、隐匿、毁灭证据或者提供虚假证言、谎报案情，影响行政执法机关依法办案的；

（三）明知是赃物而窝藏、转移或者代为销售的；

（四）被依法执行管制、剥夺政治权利或者在缓刑、暂予监外执行中的罪犯或者被依法采取刑事强制措施的人，有违反法律、行政法规或者国务院有关部门的监督管理规定的行为。

第六十一条　协助组织或者运送他人偷越国（边）境的，处十日以上十五日以下拘留，并处一千元以上五千元以下罚款。

第六十二条　为偷越国（边）境人员提供条件的，处五日以上十日以下拘留，并处五百元以上二千元以下罚款。

偷越国（边）境的，处五日以下拘留或者五百元以下罚款。

第六十三条　有下列行为之一的，处警告或者二百元以下罚款；情节较重的，处五日以上十日以下拘留，并处二百元以上五百元以下罚款：

（一）刻划、涂污或者以其他方式故意损坏国家保护的文物、名胜古迹的；

（二）违反国家规定，在文物保护单位附近进行爆破、挖掘等活动，危及文物安全的。

第六十四条　有下列行为之一的，处五百元以上一千元以下罚款；情节严重的，处十日以上十五日以下拘留，并处五百元以上一千元以下罚款：

（一）偷开他人机动车的；

（二）未取得驾驶证驾驶或者偷开他人航空器、机动船舶的。

第六十五条　有下列行为之一的，处五日以上十日以下拘留；情节严重的，处十日以上十五日以下拘留，可以并处一千元以下罚款：

（一）故意破坏、污损他人坟墓或者毁坏、丢弃他人尸骨、骨灰的；

（二）在公共场所停放尸体或者因停放尸体影响他人正常生活、工作秩序，不听劝阻的。

第六十六条　卖淫、嫖娼的，处十日以上十五日以下拘留，可以并处五千元以下罚款；情节较轻的，处五日以下拘留或者五百元以下罚款。

在公共场所拉客招嫖的，处五日以下拘留或者五百元以下罚款。

第六十七条　引诱、容留、介绍他人卖淫的，处十日以上十五日以下拘留，可以并处五千元以下罚款；情节较轻的，处五日以下拘留或者五百元以下罚款。

第六十八条　制作、运输、复制、出售、出租淫秽的书刊、图片、影片、音像制品等淫秽物品或者利用计算机信息网络、电话以及其他通讯工具传播淫秽信息的，处十日以上十五日以下拘留，可以并处三千元以下罚款；情节较轻的，处五日以下拘留或者五百元以下罚款。

第六十九条　有下列行为之一的，处十日以上十五日以下拘留，并处五百元以上一千元以下罚款：

（一）组织播放淫秽音像的；

（二）组织或者进行淫秽表演的；

（三）参与聚众淫乱活动的。

明知他人从事前款活动，为其提供条件的，依照前款的规定处罚。

第七十条 以营利为目的，为赌博提供条件的，或者参与赌博赌资较大的，处五日以下拘留或者五百元以下罚款；情节严重的，处十日以上十五日以下拘留，并处五百元以上三千元以下罚款。

第七十一条 有下列行为之一的，处十日以上十五日以下拘留，可以并处三千元以下罚款；情节较轻的，处五日以下拘留或者五百元以下罚款：

（一）非法种植罂粟不满五百株或者其他少量毒品原植物的；

（二）非法买卖、运输、携带、持有少量未经灭活的罂粟等毒品原植物种子或者幼苗的；

（三）非法运输、买卖、储存、使用少量罂粟壳的。

有前款第一项行为，在成熟前自行铲除的，不予处罚。

第七十二条 有下列行为之一的，处十日以上十五日以下拘留，可以并处二千元以下罚款；情节较轻的，处五日以下拘留或者五百元以下罚款：

（一）非法持有鸦片不满二百克、海洛因或者甲基苯丙胺不满十克或者其他少量毒品的；

（二）向他人提供毒品的；

（三）吸食、注射毒品的；

（四）胁迫、欺骗医务人员开具麻醉药品、精神药品的。

第七十三条 教唆、引诱、欺骗他人吸食、注射毒品的，处十日以上十五日以下拘留，并处五百元以上二千元以下罚款。

第七十四条 旅馆业、饮食服务业、文化娱乐业、出租汽车业等单位的人员，在公安机关查处吸毒、赌博、卖淫、嫖娼活动时，为违法犯罪行为人通风报信的，处十日以上十五日以下拘留。

第七十五条 饲养动物，干扰他人正常生活的，处警告；警告后不改正的，或者放任动物恐吓他人的，处二百元以上五百元以下罚款。

驱使动物伤害他人的，依照本法第四十三条第一款的规定处罚。

第七十六条 有本法第六十七条、第六十八条、第七十条的行为，屡教不改的，可以按照国家规定采取强制性教育措施。

第四章　处罚程序

第一节　调　查

第七十七条　公安机关对报案、控告、举报或者违反治安管理行为人主动投案，以及其他行政主管部门、司法机关移送的违反治安管理案件，应当及时受理，并进行登记。

第七十八条　公安机关受理报案、控告、举报、投案后，认为属于违反治安管理行为的，应当立即进行调查；认为不属于违反治安管理行为的，应当告知报案人、控告人、举报人、投案人，并说明理由。

第七十九条　公安机关及其人民警察对治安案件的调查，应当依法进行。严禁刑讯逼供或者采用威胁、引诱、欺骗等非法手段收集证据。

以非法手段收集的证据不得作为处罚的根据。

第八十条　公安机关及其人民警察在办理治安案件时，对涉及的国家秘密、商业秘密或者个人隐私，应当予以保密。

第八十一条　人民警察在办理治安案件过程中，遇有下列情形之一的，应当回避；违反治安管理行为人、被侵害人或者其法定代理人也有权要求他们回避：

（一）是本案当事人或者当事人的近亲属的；

（二）本人或者其近亲属与本案有利害关系的；

（三）与本案当事人有其他关系，可能影响案件公正处理的。

人民警察的回避，由其所属的公安机关决定；公安机关负责人的回避，由上一级的公安机关决定。

第八十二条　需要传唤违反治安管理行为人接受调查的，经公安机关办案部门负责人批准，使用传唤证传唤。对现场发现的违反治安管理行为人，人民警察经出示工作证件，可以口头传唤，但应当在询问笔录中注明。

公安机关应当将传唤的原因和依据告知被传唤人。对无正当理由不接受传唤或者逃避传唤的人，可以强制传唤。

第八十三条　对违反治安管理行为人，公安机关传唤后应当及时询问查证，询问查证的时间不得超过八小时；情况复杂、依照本法规定可能适用行政拘留处罚的，询问查证的时间不得超过二十四小时。

公安机关应当及时将传唤的原因和处所通知被传唤人家属。

第八十四条　询问笔录应当交被询问人核对；对没有阅读能力的，应当向其宣读。记载有遗漏或者差错的，被询问人可以提出补充或者更正。被询问人确认笔录无误后，应当签名或者盖章，询问的人民警察也应当在笔录上签名。

被询问人要求就被询问事项自行提供书面材料的，应当准许；必要时，人民警察也可以要求被询问人自行书写。

询问不满十六周岁的违反治安管理行为人，应当通知其父母或者其他监护人到场。

第八十五条　人民警察询问被侵害人或者其他证人，可以到其所在单位或者住处进行；必要时，也可以通知其到公安机关提供证言。

人民警察在公安机关以外询问被侵害人或者其他证人，应当出示工作证件。

询问被侵害人或者其他证人，同时适用本法第八十四条的规定。

第八十六条　询问聋哑的违反治安管理行为人、被侵害人或者其他证人，应当有通晓手语的人提供帮助，并在笔录上注明。

询问不通晓当地通用的语言文字的违反治安管理行为人、被侵害人或者其他证人，应当配备翻译人员，并在笔录上注明。

第八十七条　公安机关对与违反治安管理行为有关的场所、物品、人身可以进行检查。检查时，人民警察不得少于二人，并应当出示工作证件和县级以上人民政府公安机关开具的检查证明文件。对确有必要立即进行检查的，人民警察经出示工作证件，可以当场检查，但检查公民住所应当出示县级以上人民政府公安机关开具的检查证明文件。

检查妇女的身体，应当由女性工作人员进行。

第八十八条　检查的情况应当制作检查笔录，由检查人、被检查人和见证人签名或者盖章；被检查人拒绝签名的，人民警察应当在笔录上注明。

第八十九条　公安机关办理治安案件，对与案件有关的需要作为证据的物品，可以扣押；对被侵害人或者善意第三人合法占有的财产，不得扣押，应当予以登记。对与案件无关的物品，不得扣押。

对扣押的物品，应当会同在场见证人和被扣押物品持有人查点清楚，当场开列清单一式二份，由调查人员、见证人和持有人签名或者盖章，一份交给持有人，另一份附卷备查。

对扣押的物品，应当妥善保管，不得挪作他用；对不宜长期保存的物品，按照有关规定处理。经查明与案件无关的，应当及时退还；经核实属于他人合法财产的，应当登记后立即退还；满六个月无人对该财产主张权利或者无法查清权利人的，应当公开拍卖或者按照国家有关规定处理，所得款项上缴国库。

第九十条　为了查明案情，需要解决案件中有争议的专门性问题的，应当指派或者聘请具有专门知识的人员进行鉴定；鉴定人鉴定后，应当写出鉴定意见，并且签名。

第二节　决定

第九十一条　治安管理处罚由县级以上人民政府公安机关决定；其中警告、五百元以下的罚款可以由公安派出所决定。

第九十二条　对决定给予行政拘留处罚的人，在处罚前已经采取强制措施限制人身自由的时间，应当折抵。限制人身自由一日，折抵行政拘留一日。

第九十三条　公安机关查处治安案件，对没有本人陈述，但其他证据能够证明案件事实的，可以作出治安管理处罚决定。但是，只有本人陈述，没有其他证据证明的，不能作出治安管理处罚决定。

第九十四条　公安机关作出治安管理处罚决定前，应当告知违反治安管理行为人作出治安管理处罚的事实、理由及依据，并告知违反治安管理行为人依法享有的权利。

违反治安管理行为人有权陈述和申辩。公安机关必须充分听取违反治安管理行为人的意见，对违反治安管理行为人提出的事实、理由和证据，应当进行复核；违反治安管理行为人提出的事实、理由或者证据成立的，公安机关应当采纳。

公安机关不得因违反治安管理行为人的陈述、申辩而加重处罚。

第九十五条　治安案件调查结束后，公安机关应当根据不同情况，分别作出以下处理：

（一）确有依法应当给予治安管理处罚的违法行为的，根据情节轻重及具体情况，作出处罚决定；

（二）依法不予处罚的，或者违法事实不能成立的，作出不予处罚决定；

（三）违法行为已涉嫌犯罪的，移送主管机关依法追究刑事责任；

（四）发现违反治安管理行为人有其他违法行为的，在对违反治安管理行为作出处罚决定的同时，通知有关行政主管部门处理。

第九十六条　公安机关作出治安管理处罚决定的，应当制作治安管理处罚决定书。决定书应当载明下列内容：

（一）被处罚人的姓名、性别、年龄、身份证件的名称和号码、住址；

（二）违法事实和证据；

（三）处罚的种类和依据；

（四）处罚的执行方式和期限；

（五）对处罚决定不服，申请行政复议、提起行政诉讼的途径和期限；

（六）作出处罚决定的公安机关的名称和作出决定的日期。

决定书应当由作出处罚决定的公安机关加盖印章。

第九十七条　公安机关应当向被处罚人宣告治安管理处罚决定书，并当场交付被处罚人；无法当场向被处罚人宣告的，应当在二日内送达被处罚人。决定给予行政拘留处罚的，应当及时通知被处罚人的家属。

有被侵害人的，公安机关应当将决定书副本抄送被侵害人。

第九十八条　公安机关作出吊销许可证以及处二千元以上罚款的治安管理处罚决定前，应当告知违反治安管理行为人有权要求举行听证；违反治安管理行为人要求听证的，公安机关应当及时依法举行听证。

第九十九条　公安机关办理治安案件的期限，自受理之日起不得超过三十日；案情重大、复杂的，经上一级公安机关批准，可以延长三十日。

为了查明案情进行鉴定的期间，不计入办理治安案件的期限。

第一百条　违反治安管理行为事实清楚、证据确凿，处警告或者二百元以下罚款的，可以当场作出治安管理处罚决定。

第一百零一条　当场作出治安管理处罚决定的，人民警察应当向违反治安管理行为人出示工作证件，并填写处罚决定书。处罚决定书应当当场交付被处罚人；有被侵害人的，并将决定书副本抄送被侵害人。

前款规定的处罚决定书，应当载明被处罚人的姓名、违法行为、处罚依据、罚款数额、时间、地点以及公安机关名称，并由经办的人民警察签名或者盖章。

当场作出治安管理处罚决定的，经办的人民警察应当在二十四小时内报所属公安机关备案。

第一百零二条　被处罚人对治安管理处罚决定不服的，可以依法申请行政复议或者提起行政诉讼。

第三节　执　行

第一百零三条　对被决定给予行政拘留处罚的人，由作出决定的公安机关送达拘留所执行。

第一百零四条　受到罚款处罚的人应当自收到处罚决定书之日起十五日内，到指定的银行缴纳罚款。但是，有下列情形之一的，人民警察可以当场收缴罚款：

（一）被处五十元以下罚款，被处罚人对罚款无异议的；

（二）在边远、水上、交通不便地区，公安机关及其人民警察依照本法的规定作出罚款决定后，被处罚人向指定的银行缴纳罚款确有困难，经被处罚人提出的；

（三）被处罚人在当地没有固定住所，不当场收缴事后难以执行的。

第一百零五条　人民警察当场收缴的罚款，应当自收缴罚款之日起二日内，交至所属的公安机关；在水上、旅客列车上当场收缴的罚款，应当自抵岸或者到站之日起二日内，交至所属的公安机关；公安机关应当自收到罚款之日起二日内将罚款缴付指定的银行。

第一百零六条 人民警察当场收缴罚款的，应当向被处罚人出具省、自治区、直辖市人民政府财政部门统一制发的罚款收据；不出具统一制发的罚款收据的，被处罚人有权拒绝缴纳罚款。

第一百零七条 被处罚人不服行政拘留处罚决定，申请行政复议、提起行政诉讼的，可以向公安机关提出暂缓执行行政拘留的申请。公安机关认为暂缓执行行政拘留不致发生社会危险的，由被处罚人或者其近亲属提出符合本法第一百零八条规定条件的担保人，或者按每日行政拘留二百元的标准交纳保证金，行政拘留的处罚决定暂缓执行。

第一百零八条 担保人应当符合下列条件：

（一）与本案无牵连；

（二）享有政治权利，人身自由未受到限制；

（三）在当地有常住户口和固定住所；

（四）有能力履行担保义务。

第一百零九条 担保人应当保证被担保人不逃避行政拘留处罚的执行。

担保人不履行担保义务，致使被担保人逃避行政拘留处罚的执行的，由公安机关对其处三千元以下罚款。

第一百一十条 被决定给予行政拘留处罚的人交纳保证金，暂缓行政拘留后，逃避行政拘留处罚的执行的，保证金予以没收并上缴国库，已经作出的行政拘留决定仍应执行。

第一百一十一条 行政拘留的处罚决定被撤销，或者行政拘留处罚开始执行的，公安机关收取的保证金应当及时退还交纳人。

第五章　执法监督

第一百一十二条 公安机关及其人民警察应当依法、公正、严格、高效办理治安案件，文明执法，不得徇私舞弊。

第一百一十三条 公安机关及其人民警察办理治安案件，禁止对违反治安管理行为人打骂、虐待或者侮辱。

第一百一十四条 公安机关及其人民警察办理治安案件，应当自觉接受社会和公民的监督。

公安机关及其人民警察办理治安案件，不严格执法或者有违法违纪行为的，任何单位和个人都有权向公安机关或者人民检察院、行政监察机关检举、控告；收到检举、控告的机关，应当依据职责及时处理。

第一百一十五条　公安机关依法实施罚款处罚，应当依照有关法律、行政法规的规定，实行罚款决定与罚款收缴分离；收缴的罚款应当全部上缴国库。

第一百一十六条　人民警察办理治安案件，有下列行为之一的，依法给予行政处分；构成犯罪的，依法追究刑事责任：

（一）刑讯逼供、体罚、虐待、侮辱他人的；

（二）超过询问查证的时间限制人身自由的；

（三）不执行罚款决定与罚款收缴分离制度，或者不按规定将罚没的财物上缴国库或者依法处理的；

（四）私分、侵占、挪用、故意损毁收缴、扣押的财物的；

（五）违反规定使用或者不及时返还被侵害人财物的；

（六）违反规定不及时退还保证金的；

（七）利用职务上的便利收受他人财物或者谋取其他利益的；

（八）当场收缴罚款不出具罚款收据或者不如实填写罚款数额的；

（九）接到要求制止违反治安管理行为的报警后，不及时出警的；

（十）在查处违反治安管理活动时，为违法犯罪行为人通风报信的；

（十一）有徇私舞弊、滥用职权，不依法履行法定职责的其他情形的。

办理治安案件的公安机关有前款所列行为的，对直接负责的主管人员和其他直接责任人员给予相应的行政处分。

第一百一十七条　公安机关及其人民警察违法行使职权，侵犯公民、法人和其他组织合法权益的，应当赔礼道歉；造成损害的，应当依法承担赔偿责任。

第六章　附　则

第一百一十八条　本法所称以上、以下、以内，包括本数。

第一百一十九条　本法自 2006 年 3 月 1 日起施行。1986 年 9 月 5 日公布、1994 年 5 月 12 日修订公布的《中华人民共和国治安管理处罚条例》同时废止。

8. 中华人民共和国消防法

第一章　总　则

第一条　为了预防火灾和减少火灾危害，加强应急救援工作，保护人身、财产安全，维护公共安全，制定本法。

第二条　消防工作贯彻预防为主、防消结合的方针，按照政府统一领导、部门依法监管、单位全面负责、公民积极参与的原则，实行消防安全责任制，建立健全社会化的消防工作网络。

第三条　国务院领导全国的消防工作。地方各级人民政府负责本行政区域内的消防工作。

各级人民政府应当将消防工作纳入国民经济和社会发展计划，保障消防工作与经济社会发展相适应。

第四条　国务院应急管理部门对全国的消防工作实施监督管理。县级以上地方人民政府应急管理部门对本行政区域内的消防工作实施监督管理，并由本级人民政府消防救援机构负责实施。军事设施的消防工作，由其主管单位监督管理，消防救援机构协助；矿井地下部分、核电厂、海上石油天然气设施的消防工作，由其主管单位监督管理。

县级以上人民政府其他有关部门在各自的职责范围内，依照本法和其他相关法律、法规的规定做好消防工作。

法律、行政法规对森林、草原的消防工作另有规定的，从其规定。

第五条　任何单位和个人都有维护消防安全、保护消防设施、预防火灾、报告火警的义务。任何单位和成年人都有参加有组织的灭火工作的义务。

第六条　各级人民政府应当组织开展经常性的消防宣传教育，提高公民的消防安全意识。

机关、团体、企业、事业等单位，应当加强对本单位人员的消防宣传教育。

应急管理部门及消防救援机构应当加强消防法律、法规的宣传，并督促、指导、协助有关单位做好消防宣传教育工作。

教育、人力资源行政主管部门和学校、有关职业培训机构应当将消防知识纳入教育、教学、培训的内容。

新闻、广播、电视等有关单位，应当有针对性地面向社会进行消防宣传教育。

工会、共产主义青年团、妇女联合会等团体应当结合各自工作对象的特点，组织开展消防宣传教育。

村民委员会、居民委员会应当协助人民政府以及公安机关、应急管理等部门，加强消防宣传教育。

第七条 国家鼓励、支持消防科学研究和技术创新，推广使用先进的消防和应急救援技术、设备；鼓励、支持社会力量开展消防公益活动。

对在消防工作中有突出贡献的单位和个人，应当按照国家有关规定给予表彰和奖励。

第二章　火灾预防

第八条 地方各级人民政府应当将包括消防安全布局、消防站、消防供水、消防通信、消防车通道、消防装备等内容的消防规划纳入城乡规划，并负责组织实施。

城乡消防安全布局不符合消防安全要求的，应当调整、完善；公共消防设施、消防装备不足或者不适应实际需要的，应当增建、改建、配置或者进行技术改造。

第九条 建设工程的消防设计、施工必须符合国家工程建设消防技术标准。建设、设计、施工、工程监理等单位依法对建设工程的消防设计、施工质量负责。

第十条 对按照国家工程建设消防技术标准需要进行消防设计的建设工程，实行建设工程消防设计审查验收制度。

第十一条 国务院住房和城乡建设主管部门规定的特殊建设工程，建设单位应当将消防设计文件报送住房和城乡建设主管部门审查，住房和城乡建设主管部门依法对审查的结果负责。

前款规定以外的其他建设工程，建设单位申请领取施工许可证或者申请批准开工报告时应当提供满足施工需要的消防设计图纸及技术资料。

第十二条 特殊建设工程未经消防设计审查或者审查不合格的，建设单位、施工单位不得施工；其他建设工程，建设单位未提供满足施工需要的消防设计图纸及技术资料的，有关部门不得发放施工许可证或者批准开工报告。

第十三条 国务院住房和城乡建设主管部门规定应当申请消防验收的建设工程竣工，建设单位应当向住房和城乡建设主管部门申请消防验收。

前款规定以外的其他建设工程，建设单位在验收后应当报住房和城乡建设主管部门备案，住房和城乡建设主管部门应当进行抽查。

依法应当进行消防验收的建设工程，未经消防验收或者消防验收不合格的，禁止投入使用；其他建设工程经依法抽查不合格的，应当停止使用。

第十四条　建设工程消防设计审查、消防验收、备案和抽查的具体办法，由国务院住房和城乡建设主管部门规定。

第十五条　公众聚集场所在投入使用、营业前，建设单位或者使用单位应当向场所所在地的县级以上地方人民政府消防救援机构申请消防安全检查。

消防救援机构应当自受理申请之日起十个工作日内，根据消防技术标准和管理规定，对该场所进行消防安全检查。未经消防安全检查或者经检查不符合消防安全要求的，不得投入使用、营业。

第十六条　机关、团体、企业、事业等单位应当履行下列消防安全职责：

（一）落实消防安全责任制，制定本单位的消防安全制度、消防安全操作规程，制定灭火和应急疏散预案；

（二）按照国家标准、行业标准配置消防设施、器材，设置消防安全标志，并定期组织检验、维修，确保完好有效；

（三）对建筑消防设施每年至少进行一次全面检测，确保完好有效，检测记录应当完整准确，存档备查；

（四）保障疏散通道、安全出口、消防车通道畅通，保证防火防烟分区、防火间距符合消防技术标准；

（五）组织防火检查，及时消除火灾隐患；

（六）组织进行有针对性的消防演练；

（七）法律、法规规定的其他消防安全职责。

单位的主要负责人是本单位的消防安全责任人。

第十七条　县级以上地方人民政府消防救援机构应当将发生火灾可能性较大以及发生火灾可能造成重大的人身伤亡或者财产损失的单位，确定为本行政区域内的消防安全重点单位，并由应急管理部门报本级人民政府备案。

消防安全重点单位除应当履行本法第十六条规定的职责外，还应当履行下列消防安全职责：

（一）确定消防安全管理人，组织实施本单位的消防安全管理工作；

（二）建立消防档案，确定消防安全重点部位，设置防火标志，实行严格管理；

（三）实行每日防火巡查，并建立巡查记录；

（四）对职工进行岗前消防安全培训，定期组织消防安全培训和消防演练。

第十八条　同一建筑物由两个以上单位管理或者使用的，应当明确各方的消防安全责任，并确定责任人对共用的疏散通道、安全出口、建筑消防设施和消防车通道进行统一管理。

住宅区的物业服务企业应当对管理区域内的共用消防设施进行维护管理，提供消防安全防范服务。

第十九条 生产、储存、经营易燃易爆危险品的场所不得与居住场所设置在同一建筑物内，并应当与居住场所保持安全距离。

生产、储存、经营其他物品的场所与居住场所设置在同一建筑物内的，应当符合国家工程建设消防技术标准。

第二十条 举办大型群众性活动，承办人应当依法向公安机关申请安全许可，制定灭火和应急疏散预案并组织演练，明确消防安全责任分工，确定消防安全管理人员，保持消防设施和消防器材配置齐全、完好有效，保证疏散通道、安全出口、疏散指示标志、应急照明和消防车通道符合消防技术标准和管理规定。

第二十一条 禁止在具有火灾、爆炸危险的场所吸烟、使用明火。因施工等特殊情况需要使用明火作业的，应当按照规定事先办理审批手续，采取相应的消防安全措施；作业人员应当遵守消防安全规定。

进行电焊、气焊等具有火灾危险作业的人员和自动消防系统的操作人员，必须持证上岗，并遵守消防安全操作规程。

第二十二条 生产、储存、装卸易燃易爆危险品的工厂、仓库和专用车站、码头的设置，应当符合消防技术标准。易燃易爆气体和液体的充装站、供应站、调压站，应当设置在符合消防安全要求的位置，并符合防火防爆要求。

已经设置的生产、储存、装卸易燃易爆危险品的工厂、仓库和专用车站、码头，易燃易爆气体和液体的充装站、供应站、调压站，不再符合前款规定的，地方人民政府应当组织、协调有关部门、单位限期解决，消除安全隐患。

第二十三条 生产、储存、运输、销售、使用、销毁易燃易爆危险品，必须执行消防技术标准和管理规定。

进入生产、储存易燃易爆危险品的场所，必须执行消防安全规定。禁止非法携带易燃易爆危险品进入公共场所或者乘坐公共交通工具。

储存可燃物资仓库的管理，必须执行消防技术标准和管理规定。

第二十四条 消防产品必须符合国家标准；没有国家标准的，必须符合行业标准。禁止生产、销售或者使用不合格的消防产品以及国家明令淘汰的消防产品。

依法实行强制性产品认证的消防产品，由具有法定资质的认证机构按照国家标准、行业标准的强制性要求认证合格后，方可生产、销售、使用。实行强制性产品认证的消防产品目录，由国务院产品质量监督部门会同国务院应急管理部门制定并公布。

新研制的尚未制定国家标准、行业标准的消防产品，应当按照国务院产品质量监督部门会同国务院应急管理部门规定的办法，经技术鉴定符合消防安全要求的，方可生产、销售、使用。

依照本条规定经强制性产品认证合格或者技术鉴定合格的消防产品，国务院应急管理部门应当予以公布。

第二十五条　产品质量监督部门、工商行政管理部门、消防救援机构应当按照各自职责加强对消防产品质量的监督检查。

第二十六条　建筑构件、建筑材料和室内装修、装饰材料的防火性能必须符合国家标准；没有国家标准的，必须符合行业标准。

人员密集场所室内装修、装饰，应当按照消防技术标准的要求，使用不燃、难燃材料。

第二十七条　电器产品、燃气用具的产品标准，应当符合消防安全的要求。

电器产品、燃气用具的安装、使用及其线路、管路的设计、敷设、维护保养、检测，必须符合消防技术标准和管理规定。

第二十八条　任何单位、个人不得损坏、挪用或者擅自拆除、停用消防设施、器材，不得埋压、圈占、遮挡消火栓或者占用防火间距，不得占用、堵塞、封闭疏散通道、安全出口、消防车通道。人员密集场所的门窗不得设置影响逃生和灭火救援的障碍物。

第二十九条　负责公共消防设施维护管理的单位，应当保持消防供水、消防通信、消防车通道等公共消防设施的完好有效。在修建道路以及停电、停水、截断通信线路时有可能影响消防队灭火救援的，有关单位必须事先通知当地消防救援机构。

第三十条　地方各级人民政府应当加强对农村消防工作的领导，采取措施加强公共消防设施建设，组织建立和督促落实消防安全责任制。

第三十一条　在农业收获季节、森林和草原防火期间、重大节假日期间以及火灾多发季节，地方各级人民政府应当组织开展有针对性的消防宣传教育，采取防火措施，进行消防安全检查。

第三十二条　乡镇人民政府、城市街道办事处应当指导、支持和帮助村民委员会、居民委员会开展群众性的消防工作。村民委员会、居民委员会应当确定消防安全管理人，组织制定防火安全公约，进行防火安全检查。

第三十三条　国家鼓励、引导公众聚集场所和生产、储存、运输、销售易燃易爆危险品的企业投保火灾公众责任保险；鼓励保险公司承保火灾公众责任保险。

第三十四条　消防产品质量认证、消防设施检测、消防安全监测等消防技术服务机构和执业人员，应当依法获得相应的资质、资格；依照法律、行政法规、国家标准、行业标准和执业准则，接受委托提供消防技术服务，并对服务质量负责。

第三章　消防组织

第三十五条　各级人民政府应当加强消防组织建设，根据经济社会发展的需要，建立多种形式的消防组织，加强消防技术人才培养，增强火灾预防、扑救和应急救援的能力。

第三十六条　县级以上地方人民政府应当按照国家规定建立国家综合性消防救援队、专职消防队，并按照国家标准配备消防装备，承担火灾扑救工作。

乡镇人民政府应当根据当地经济发展和消防工作的需要，建立专职消防队、志愿消防队，承担火灾扑救工作。

第三十七条　国家综合性消防救援队、专职消防队按照国家规定承担重大灾害事故和其他以抢救人员生命为主的应急救援工作。

第三十八条　国家综合性消防救援队、专职消防队应当充分发挥火灾扑救和应急救援专业力量的骨干作用；按照国家规定，组织实施专业技能训练，配备并维护保养装备器材，提高火灾扑救和应急救援的能力。

第三十九条　下列单位应当建立单位专职消防队，承担本单位的火灾扑救工作：

（一）大型核设施单位、大型发电厂、民用机场、主要港口；

（二）生产、储存易燃易爆危险品的大型企业；

（三）储备可燃的重要物资的大型仓库、基地；

（四）第一项、第二项、第三项规定以外的火灾危险性较大、距离国家综合性消防救援队较远的其他大型企业；

（五）距离国家综合性消防救援队较远、被列为全国重点文物保护单位的古建筑群的管理单位。

第四十条　专职消防队的建立，应当符合国家有关规定，并报当地消防救援机构验收。

专职消防队的队员依法享受社会保险和福利待遇。

第四十一条　机关、团体、企业、事业等单位以及村民委员会、居民委员会根据需要，建立志愿消防队等多种形式的消防组织，开展群众性自防自救工作。

第四十二条　消防救援机构应当对专职消防队、志愿消防队等消防组织进行业务指导；根据扑救火灾的需要，可以调动指挥专职消防队参加火灾扑救工作。

第四章 灭火救援

第四十三条 县级以上地方人民政府应当组织有关部门针对本行政区域内的火灾特点制定应急预案，建立应急反应和处置机制，为火灾扑救和应急救援工作提供人员、装备等保障。

第四十四条 任何人发现火灾都应当立即报警。任何单位、个人都应当无偿为报警提供便利，不得阻拦报警。严禁谎报火警。

人员密集场所发生火灾，该场所的现场工作人员应当立即组织、引导在场人员疏散。

任何单位发生火灾，必须立即组织力量扑救。邻近单位应当给予支援。

消防队接到火警，必须立即赶赴火灾现场，救助遇险人员，排除险情，扑灭火灾。

第四十五条 消防救援机构统一组织和指挥火灾现场扑救，应当优先保障遇险人员的生命安全。

火灾现场总指挥根据扑救火灾的需要，有权决定下列事项：

（一）使用各种水源；

（二）截断电力、可燃气体和可燃液体的输送，限制用火用电；

（三）划定警戒区，实行局部交通管制；

（四）利用邻近建筑物和有关设施；

（五）为了抢救人员和重要物资，防止火势蔓延，拆除或者破损毗邻火灾现场的建筑物、构筑物或者设施等；

（六）调动供水、供电、供气、通信、医疗救护、交通运输、环境保护等有关单位协助灭火救援。

根据扑救火灾的紧急需要，有关地方人民政府应当组织人员、调集所需物资支援灭火。

第四十六条 国家综合性消防救援队、专职消防队参加火灾以外的其他重大灾害事故的应急救援工作，由县级以上人民政府统一领导。

第四十七条 消防车、消防艇前往执行火灾扑救或者应急救援任务，在确保安全的前提下，不受行驶速度、行驶路线、行驶方向和指挥信号的限制，其他车辆、船舶以及行人应当让行，不得穿插超越；收费公路、桥梁免收车辆通行费。交通管理指挥人员应当保证消防车、消防艇迅速通行。

赶赴火灾现场或者应急救援现场的消防人员和调集的消防装备、物资，需要铁路、水路或者航空运输的，有关单位应当优先运输。

第四十八条 消防车、消防艇以及消防器材、装备和设施，不得用于与消防和应急救援工作无关的事项。

第四十九条 国家综合性消防救援队、专职消防队扑救火灾、应急救援，不得收取任何费用。

单位专职消防队、志愿消防队参加扑救外单位火灾所损耗的燃料、灭火剂和器材、装备等，由火灾发生地的人民政府给予补偿。

第五十条 对因参加扑救火灾或者应急救援受伤、致残或者死亡的人员，按照国家有关规定给予医疗、抚恤。

第五十一条 消防救援机构有权根据需要封闭火灾现场，负责调查火灾原因，统计火灾损失。

火灾扑灭后，发生火灾的单位和相关人员应当按照消防救援机构的要求保护现场，接受事故调查，如实提供与火灾有关的情况。

消防救援机构根据火灾现场勘验、调查情况和有关的检验、鉴定意见，及时制作火灾事故认定书，作为处理火灾事故的证据。

第五章 监督检查

第五十二条 地方各级人民政府应当落实消防工作责任制，对本级人民政府有关部门履行消防安全职责的情况进行监督检查。

县级以上地方人民政府有关部门应当根据本系统的特点，有针对性地开展消防安全检查，及时督促整改火灾隐患。

第五十三条 消防救援机构应当对机关、团体、企业、事业等单位遵守消防法律、法规的情况依法进行监督检查。公安派出所可以负责日常消防监督检查、开展消防宣传教育，具体办法由国务院公安部门规定。

消防救援机构、公安派出所的工作人员进行消防监督检查，应当出示证件。

第五十四条 消防救援机构在消防监督检查中发现火灾隐患的，应当通知有关单位或者个人立即采取措施消除隐患；不及时消除隐患可能严重威胁公共安全的，消防救援机构应当依照规定对危险部位或者场所采取临时查封措施。

第五十五条 消防救援机构在消防监督检查中发现城乡消防安全布局、公共消防设施不符合消防安全要求，或者发现本地区存在影响公共安全的重大火灾隐患的，应当由应急管理部门书面报告本级人民政府。

接到报告的人民政府应当及时核实情况，组织或者责成有关部门、单位采取措施，予以整改。

第五十六条 住房和城乡建设主管部门、消防救援机构及其工作人员应当按照法定的职权和程序进行消防设计审查、消防验收、备案抽查和消防安全检查，做到公正、严格、文明、高效。

住房和城乡建设主管部门、消防救援机构及其工作人员进行消防设计审查、消防验收、备案抽查和消防安全检查等，不得收取费用，不得利用职务谋取利益；不得利用职务为用户、建设单位指定或者变相指定消防产品的品牌、销售单位或者消防技术服务机构、消防设施施工单位。

第五十七条 住房和城乡建设主管部门、消防救援机构及其工作人员执行职务，应当自觉接受社会和公民的监督。

任何单位和个人都有权对住房和城乡建设主管部门、消防救援机构及其工作人员在执法中的违法行为进行检举、控告。收到检举、控告的机关，应当按照职责及时查处。

第六章　法律责任

第五十八条 违反本法规定，有下列行为之一的，由住房和城乡建设主管部门、消防救援机构按照各自职权责令停止施工、停止使用或者停产停业，并处三万元以上三十万元以下罚款：

（一）依法应当进行消防设计审查的建设工程，未经依法审查或者审查不合格，擅自施工的；

（二）依法应当进行消防验收的建设工程，未经消防验收或者消防验收不合格，擅自投入使用的；

（三）本法第十三条规定的其他建设工程验收后经依法抽查不合格，不停止使用的；

（四）公众聚集场所未经消防安全检查或者经检查不符合消防安全要求，擅自投入使用、营业的。

建设单位未依照本法规定在验收后报住房和城乡建设主管部门备案的，由住房和城乡建设主管部门责令改正，处五千元以下罚款。

第五十九条 违反本法规定，有下列行为之一的，由住房和城乡建设主管部门责令改正或者停止施工，并处一万元以上十万元以下罚款：

（一）建设单位要求建筑设计单位或者建筑施工企业降低消防技术标准设计、施工的；

（二）建筑设计单位不按照消防技术标准强制性要求进行消防设计的；

（三）建筑施工企业不按照消防设计文件和消防技术标准施工，降低消防施工质量的；

（四）工程监理单位与建设单位或者建筑施工企业串通，弄虚作假，降低消防施工质量的。

第六十条　单位违反本法规定，有下列行为之一的，责令改正，处五千元以上五万元以下罚款：

（一）消防设施、器材或者消防安全标志的配置、设置不符合国家标准、行业标准，或者未保持完好有效的；

（二）损坏、挪用或者擅自拆除、停用消防设施、器材的；

（三）占用、堵塞、封闭疏散通道、安全出口或者有其他妨碍安全疏散行为的；

（四）埋压、圈占、遮挡消火栓或者占用防火间距的；

（五）占用、堵塞、封闭消防车通道，妨碍消防车通行的；

（六）人员密集场所在门窗上设置影响逃生和灭火救援的障碍物的；

（七）对火灾隐患经消防救援机构通知后不及时采取措施消除的。

个人有前款第二项、第三项、第四项、第五项行为之一的，处警告或者五百元以下罚款。

有本条第一款第三项、第四项、第五项、第六项行为，经责令改正拒不改正的，强制执行，所需费用由违法行为人承担。

第六十一条　生产、储存、经营易燃易爆危险品的场所与居住场所设置在同一建筑物内，或者未与居住场所保持安全距离的，责令停产停业，并处五千元以上五万元以下罚款。

生产、储存、经营其他物品的场所与居住场所设置在同一建筑物内，不符合消防技术标准的，依照前款规定处罚。

第六十二条　有下列行为之一的，依照《中华人民共和国治安管理处罚法》的规定处罚：

（一）违反有关消防技术标准和管理规定生产、储存、运输、销售、使用、销毁易燃易爆危险品的；

（二）非法携带易燃易爆危险品进入公共场所或者乘坐公共交通工具的；

（三）谎报火警的；

（四）阻碍消防车、消防艇执行任务的；

（五）阻碍消防救援机构的工作人员依法执行职务的。

第六十三条　违反本法规定，有下列行为之一的，处警告或者五百元以下罚款；情节严重的，处五日以下拘留：

（一）违反消防安全规定进入生产、储存易燃易爆危险品场所的；

（二）违反规定使用明火作业或者在具有火灾、爆炸危险的场所吸烟、使用明火的。

第六十四条 违反本法规定，有下列行为之一，尚不构成犯罪的，处十日以上十五日以下拘留，可以并处五百元以下罚款；情节较轻的，处警告或者五百元以下罚款：

（一）指使或者强令他人违反消防安全规定，冒险作业的；

（二）过失引起火灾的；

（三）在火灾发生后阻拦报警，或者负有报告职责的人员不及时报警的；

（四）扰乱火灾现场秩序，或者拒不执行火灾现场指挥员指挥，影响灭火救援的；

（五）故意破坏或者伪造火灾现场的；

（六）擅自拆封或者使用被消防救援机构查封的场所、部位的。

第六十五条 违反本法规定，生产、销售不合格的消防产品或者国家明令淘汰的消防产品的，由产品质量监督部门或者工商行政管理部门依照《中华人民共和国产品质量法》的规定从重处罚。

人员密集场所使用不合格的消防产品或者国家明令淘汰的消防产品的，责令限期改正；逾期不改正的，处五千元以上五万元以下罚款，并对其直接负责的主管人员和其他直接责任人员处五百元以上二千元以下罚款；情节严重的，责令停产停业。

消防救援机构对于本条第二款规定的情形，除依法对使用者予以处罚外，应当将发现不合格的消防产品和国家明令淘汰的消防产品的情况通报产品质量监督部门、工商行政管理部门。产品质量监督部门、工商行政管理部门应当对生产者、销售者依法及时查处。

第六十六条 电器产品、燃气用具的安装、使用及其线路、管路的设计、敷设、维护保养、检测不符合消防技术标准和管理规定的，责令限期改正；逾期不改正的，责令停止使用，可以并处一千元以上五千元以下罚款。

第六十七条 机关、团体、企业、事业等单位违反本法第十六条、第十七条、第十八条、第二十一条第二款规定的，责令限期改正；逾期不改正的，对其直接负责的主管人员和其他直接责任人员依法给予处分或者给予警告处罚。

第六十八条 人员密集场所发生火灾，该场所的现场工作人员不履行组织、引导在场人员疏散的义务，情节严重，尚不构成犯罪的，处五日以上十日以下拘留。

第六十九条 消防产品质量认证、消防设施检测等消防技术服务机构出具虚假文件的，责令改正，处五万元以上十万元以下罚款，并对直接负责的主管人员和其他直接责任人员处一万元以上五万元以下罚款；有违法所得的，并处没收违法所得；给他人造成损失的，依法承担赔偿责任；情节严重的，由原许可机关依法责令停止执业或者吊销相应资质、资格。

前款规定的机构出具失实文件，给他人造成损失的，依法承担赔偿责任；造成重大损失的，由原许可机关依法责令停止执业或者吊销相应资质、资格。

第七十条　本法规定的行政处罚，除应当由公安机关依照《中华人民共和国治安管理处罚法》的有关规定决定的外，由住房和城乡建设主管部门、消防救援机构按照各自职权决定。

被责令停止施工、停止使用、停产停业的，应当在整改后向作出决定的部门或者机构报告，经检查合格，方可恢复施工、使用、生产、经营。

当事人逾期不执行停产停业、停止使用、停止施工决定的，由作出决定的部门或者机构强制执行。

责令停产停业，对经济和社会生活影响较大的，由住房和城乡建设主管部门或者应急管理部门报请本级人民政府依法决定。

第七十一条　住房和城乡建设主管部门、消防救援机构的工作人员滥用职权、玩忽职守、徇私舞弊，有下列行为之一，尚不构成犯罪的，依法给予处分：

（一）对不符合消防安全要求的消防设计文件、建设工程、场所准予审查合格、消防验收合格、消防安全检查合格的；

（二）无故拖延消防设计审查、消防验收、消防安全检查，不在法定期限内履行职责的；

（三）发现火灾隐患不及时通知有关单位或者个人整改的；

（四）利用职务为用户、建设单位指定或者变相指定消防产品的品牌、销售单位或者消防技术服务机构、消防设施施工单位的；

（五）将消防车、消防艇以及消防器材、装备和设施用于与消防和应急救援无关的事项的；

（六）其他滥用职权、玩忽职守、徇私舞弊的行为。

产品质量监督、工商行政管理等其他有关行政主管部门的工作人员在消防工作中滥用职权、玩忽职守、徇私舞弊，尚不构成犯罪的，依法给予处分。

第七十二条　违反本法规定，构成犯罪的，依法追究刑事责任。

第七章　附　则

第七十三条　本法下列用语的含义：

（一）消防设施，是指火灾自动报警系统、自动灭火系统、消火栓系统、防烟排烟系统以及应急广播和应急照明、安全疏散设施等。

（二）消防产品，是指专门用于火灾预防、灭火救援和火灾防护、避难、逃生的产品。

（三）公众聚集场所，是指宾馆、饭店、商场、集贸市场、客运车站候车室、客运码头候船厅、民用机场航站楼、体育场馆、会堂以及公共娱乐场所等。

（四）人员密集场所，是指公众聚集场所，医院的门诊楼、病房楼，学校的教学楼、图书馆、食堂和集体宿舍，养老院，福利院，托儿所，幼儿园，公共图书馆的阅览室，公共展览馆、博物馆的展示厅，劳动密集型企业的生产加工车间和员工集体宿舍，旅游、宗教活动场所等。

第七十四条　本法自 2009 年 5 月 1 日起施行。

9. 中华人民共和国旅游法

（2013 年 4 月 25 日第十二届全国人民代表大会常务委员会第二次会议通过　根据 2016 年 11 月 7 日第十二届全国人民代表大会常务委员会第二十四次会议《关于修改〈中华人民共和国对外贸易法〉等十二部法律的决定》第一次修正　根据 2018 年 10 月 26 日第十三届全国人民代表大会常务委员会第六次会议《关于修改〈中华人民共和国野生动物保护法〉等十五部法律的决定》第二次修正）

第一章　总则

第一条　为保障旅游者和旅游经营者的合法权益，规范旅游市场秩序，保护和合理利用旅游资源，促进旅游业持续健康发展，制定本法。

第二条　在中华人民共和国境内的和在中华人民共和国境内组织到境外的游览、度假、休闲等形式的旅游活动以及为旅游活动提供相关服务的经营活动，适用本法。

第三条　国家发展旅游事业，完善旅游公共服务，依法保护旅游者在旅游活动中的权利。

第四条　旅游业发展应当遵循社会效益、经济效益和生态效益相统一的原则。国家鼓励各类市场主体在有效保护旅游资源的前提下，依法合理利用旅游资源。利用公共资源建设的游览场所应当体现公益性质。

第五条　国家倡导健康、文明、环保的旅游方式，支持和鼓励各类社会机构开展旅游公益宣传，对促进旅游业发展做出突出贡献的单位和个人给予奖励。

第六条　国家建立健全旅游服务标准和市场规则，禁止行业垄断和地区垄断。旅游经营者应当诚信经营，公平竞争，承担社会责任，为旅游者提供安全、健康、卫生、方便的旅游服务。

第七条　国务院建立健全旅游综合协调机制，对旅游业发展进行综合协调。

县级以上地方人民政府应当加强对旅游工作的组织和领导，明确相关部门或者机构，对本行政区域的旅游业发展和监督管理进行统筹协调。

第八条　依法成立的旅游行业组织，实行自律管理。

第二章 旅游者

第九条 旅游者有权自主选择旅游产品和服务，有权拒绝旅游经营者的强制交易行为。

旅游者有权知悉其购买的旅游产品和服务的真实情况。

旅游者有权要求旅游经营者按照约定提供产品和服务。

第十条 旅游者的人格尊严、民族风俗习惯和宗教信仰应当得到尊重。

第十一条 残疾人、老年人、未成年人等旅游者在旅游活动中依照法律、法规和有关规定享受便利和优惠。

第十二条 旅游者在人身、财产安全遇有危险时，有请求救助和保护的权利。

旅游者人身、财产受到侵害的，有依法获得赔偿的权利。

第十三条 旅游者在旅游活动中应当遵守社会公共秩序和社会公德，尊重当地的风俗习惯、文化传统和宗教信仰，爱护旅游资源，保护生态环境，遵守旅游文明行为规范。

第十四条 旅游者在旅游活动中或者在解决纠纷时，不得损害当地居民的合法权益，不得干扰他人的旅游活动，不得损害旅游经营者和旅游从业人员的合法权益。

第十五条 旅游者购买、接受旅游服务时，应当向旅游经营者如实告知与旅游活动相关的个人健康信息，遵守旅游活动中的安全警示规定。

旅游者对国家应对重大突发事件暂时限制旅游活动的措施以及有关部门、机构或者旅游经营者采取的安全防范和应急处置措施，应当予以配合。

旅游者违反安全警示规定，或者对国家应对重大突发事件暂时限制旅游活动的措施、安全防范和应急处置措施不予配合的，依法承担相应责任。

第十六条 出境旅游者不得在境外非法滞留，随团出境的旅游者不得擅自分团、脱团。

入境旅游者不得在境内非法滞留，随团入境的旅游者不得擅自分团、脱团。

第三章 旅游规划和促进

第十七条 国务院和县级以上地方人民政府应当将旅游业发展纳入国民经济和社会发展规划。

国务院和省、自治区、直辖市人民政府以及旅游资源丰富的设区的市和县级人民政府，应当按照国民经济和社会发展规划的要求，组织编制旅游发展规划。对跨行政区域且适宜进行整体利用的旅游资源进行利用时，应当由上级人民政府组织编制或者由相关地方人民政府协商编制统一的旅游发展规划。

第十八条　旅游发展规划应当包括旅游业发展的总体要求和发展目标，旅游资源保护和利用的要求和措施，以及旅游产品开发、旅游服务质量提升、旅游文化建设、旅游形象推广、旅游基础设施和公共服务设施建设的要求和促进措施等内容。

根据旅游发展规划，县级以上地方人民政府可以编制重点旅游资源开发利用的专项规划，对特定区域内的旅游项目、设施和服务功能配套提出专门要求。

第十九条　旅游发展规划应当与土地利用总体规划、城乡规划、环境保护规划以及其他自然资源和文物等人文资源的保护和利用规划相衔接。

第二十条　各级人民政府编制土地利用总体规划、城乡规划，应当充分考虑相关旅游项目、设施的空间布局和建设用地要求。规划和建设交通、通信、供水、供电、环保等基础设施和公共服务设施，应当兼顾旅游业发展的需要。

第二十一条　对自然资源和文物等人文资源进行旅游利用，必须严格遵守有关法律、法规的规定，符合资源、生态保护和文物安全的要求，尊重和维护当地传统文化和习俗，维护资源的区域整体性、文化代表性和地域特殊性，并考虑军事设施保护的需要。有关主管部门应当加强对资源保护和旅游利用状况的监督检查。

第二十二条　各级人民政府应当组织对本级政府编制的旅游发展规划的执行情况进行评估，并向社会公布。

第二十三条　国务院和县级以上地方人民政府应当制定并组织实施有利于旅游业持续健康发展的产业政策，推进旅游休闲体系建设，采取措施推动区域旅游合作，鼓励跨区域旅游线路和产品开发，促进旅游与工业、农业、商业、文化、卫生、体育、科教等领域的融合，扶持少数民族地区、革命老区、边远地区和贫困地区旅游业发展。

第二十四条　国务院和县级以上地方人民政府应当根据实际情况安排资金，加强旅游基础设施建设、旅游公共服务和旅游形象推广。

第二十五条　国家制定并实施旅游形象推广战略。国务院旅游主管部门统筹组织国家旅游形象的境外推广工作，建立旅游形象推广机构和网络，开展旅游国际合作与交流。

县级以上地方人民政府统筹组织本地的旅游形象推广工作。

第二十六条　国务院旅游主管部门和县级以上地方人民政府应当根据需要建立旅游公共信息和咨询平台，无偿向旅游者提供旅游景区、线路、交通、气象、住宿、安全、医疗急救等必要信息和咨询服务。设区的市和县级人民政府有关部门应当根据需要在交通枢纽、商业中心和旅游者集中场所设置旅游咨询中心，在景区和通往主要景区的道路设置旅游指示标识。

旅游资源丰富的设区的市和县级人民政府可以根据本地的实际情况，建立旅游客运专线或者游客中转站，为旅游者在城市及周边旅游提供服务。

第二十七条 国家鼓励和支持发展旅游职业教育和培训，提高旅游从业人员素质。

第四章 旅游经营

第二十八条 设立旅行社，招徕、组织、接待旅游者，为其提供旅游服务，应当具备下列条件，取得旅游主管部门的许可，依法办理工商登记：

（一）有固定的经营场所；

（二）有必要的营业设施；

（三）有符合规定的注册资本；

（四）有必要的经营管理人员和导游；

（五）法律、行政法规规定的其他条件。

第二十九条 旅行社可以经营下列业务：

（一）境内旅游；

（二）出境旅游；

（三）边境旅游；

（四）入境旅游；

（五）其他旅游业务。

旅行社经营前款第二项和第三项业务，应当取得相应的业务经营许可，具体条件由国务院规定。

第三十条 旅行社不得出租、出借旅行社业务经营许可证，或者以其他形式非法转让旅行社业务经营许可。

第三十一条 旅行社应当按照规定交纳旅游服务质量保证金，用于旅游者权益损害赔偿和垫付旅游者人身安全遇有危险时紧急救助的费用。

第三十二条 旅行社为招徕、组织旅游者发布信息，必须真实、准确，不得进行虚假宣传，误导旅游者。

第三十三条 旅行社及其从业人员组织、接待旅游者，不得安排参观或者参与违反我国法律、法规和社会公德的项目或者活动。

第三十四条 旅行社组织旅游活动应当向合格的供应商订购产品和服务。

第三十五条 旅行社不得以不合理的低价组织旅游活动，诱骗旅游者，并通过安排购物或者另行付费旅游项目获取回扣等不正当利益。

旅行社组织、接待旅游者，不得指定具体购物场所，不得安排另行付费旅游项目。但是，经双方协商一致或者旅游者要求，且不影响其他旅游者行程安排的除外。

发生违反前两款规定情形的，旅游者有权在旅游行程结束后三十日内，要求旅行社为其办理退货并先行垫付退货货款，或者退还另行付费旅游项目的费用。

第三十六条　旅行社组织团队出境旅游或者组织、接待团队入境旅游，应当按照规定安排领队或者导游全程陪同。

第三十七条　参加导游资格考试成绩合格，与旅行社订立劳动合同或者在相关旅游行业组织注册的人员，可以申请取得导游证。

第三十八条　旅行社应当与其聘用的导游依法订立劳动合同，支付劳动报酬，缴纳社会保险费用。

旅行社临时聘用导游为旅游者提供服务的，应当全额向导游支付本法第六十条第三款规定的导游服务费用。

旅行社安排导游为团队旅游提供服务的，不得要求导游垫付或者向导游收取任何费用。

第三十九条　从事领队业务，应当取得导游证，具有相应的学历、语言能力和旅游从业经历，并与委派其从事领队业务的取得出境旅游业务经营许可的旅行社订立劳动合同。

第四十条　导游和领队为旅游者提供服务必须接受旅行社委派，不得私自承揽导游和领队业务。

第四十一条　导游和领队从事业务活动，应当佩戴导游证，遵守职业道德，尊重旅游者的风俗习惯和宗教信仰，应当向旅游者告知和解释旅游文明行为规范，引导旅游者健康、文明旅游，劝阻旅游者违反社会公德的行为。

导游和领队应当严格执行旅游行程安排，不得擅自变更旅游行程或者中止服务活动，不得向旅游者索取小费，不得诱导、欺骗、强迫或者变相强迫旅游者购物或者参加另行付费旅游项目。

第四十二条　景区开放应当具备下列条件，并听取旅游主管部门的意见：

（一）有必要的旅游配套服务和辅助设施；

（二）有必要的安全设施及制度，经过安全风险评估，满足安全条件；

（三）有必要的环境保护设施和生态保护措施；

（四）法律、行政法规规定的其他条件。

第四十三条　利用公共资源建设的景区的门票以及景区内的游览场所、交通工具等另行收费项目，实行政府定价或者政府指导价，严格控制价格上涨。拟收费或者提高价格的，应当举行听证会，征求旅游者、经营者和有关方面的意见，论证其必要性、可行性。

利用公共资源建设的景区，不得通过增加另行收费项目等方式变相涨价；另行收费项目已收回投资成本的，应当相应降低价格或者取消收费。

公益性的城市公园、博物馆、纪念馆等，除重点文物保护单位和珍贵文物收藏单位外，应当逐步免费开放。

第四十四条 景区应当在醒目位置公示门票价格、另行收费项目的价格及团体收费价格。景区提高门票价格应当提前六个月公布。

将不同景区的门票或者同一景区内不同游览场所的门票合并出售的，合并后的价格不得高于各单项门票的价格之和，且旅游者有权选择购买其中的单项票。

景区内的核心游览项目因故暂停向旅游者开放或者停止提供服务的，应当公示并相应减少收费。

第四十五条 景区接待旅游者不得超过景区主管部门核定的最大承载量。景区应当公布景区主管部门核定的最大承载量，制定和实施旅游者流量控制方案，并可以采取门票预约等方式，对景区接待旅游者的数量进行控制。

旅游者数量可能达到最大承载量时，景区应当提前公告并同时向当地人民政府报告，景区和当地人民政府应当及时采取疏导、分流等措施。

第四十六条 城镇和乡村居民利用自有住宅或者其他条件依法从事旅游经营，其管理办法由省、自治区、直辖市制定。

第四十七条 经营高空、高速、水上、潜水、探险等高风险旅游项目，应当按照国家有关规定取得经营许可。

第四十八条 通过网络经营旅行社业务的，应当依法取得旅行社业务经营许可，并在其网站主页的显著位置标明其业务经营许可证信息。

发布旅游经营信息的网站，应当保证其信息真实、准确。

第四十九条 为旅游者提供交通、住宿、餐饮、娱乐等服务的经营者，应当符合法律、法规规定的要求，按照合同约定履行义务。

第五十条 旅游经营者应当保证其提供的商品和服务符合保障人身、财产安全的要求。

旅游经营者取得相关质量标准等级的，其设施和服务不得低于相应标准；未取得质量标准等级的，不得使用相关质量等级的称谓和标识。

第五十一条 旅游经营者销售、购买商品或者服务，不得给予或者收受贿赂。

第五十二条 旅游经营者对其在经营活动中知悉的旅游者个人信息，应当予以保密。

第五十三条 从事道路旅游客运的经营者应当遵守道路客运安全管理的各项制度，并在车辆显著位置明示道路旅游客运专用标识，在车厢内显著位置公示经营者和驾驶人信息、道路运输管理机构监督电话等事项。

第五十四条　景区、住宿经营者将其部分经营项目或者场地交由他人从事住宿、餐饮、购物、游览、娱乐、旅游交通等经营的，应当对实际经营者的经营行为给旅游者造成的损害承担连带责任。

第五十五条　旅游经营者组织、接待出入境旅游，发现旅游者从事违法活动或者有违反本法第十六条规定情形的，应当及时向公安机关、旅游主管部门或者我国驻外机构报告。

第五十六条　国家根据旅游活动的风险程度，对旅行社、住宿、旅游交通以及本法第四十七条规定的高风险旅游项目等经营者实施责任保险制度。

第五章　旅游服务合同

第五十七条　旅行社组织和安排旅游活动，应当与旅游者订立合同。

第五十八条　包价旅游合同应当采用书面形式，包括下列内容：

（一）旅行社、旅游者的基本信息；

（二）旅游行程安排；

（三）旅游团成团的最低人数；

（四）交通、住宿、餐饮等旅游服务安排和标准；

（五）游览、娱乐等项目的具体内容和时间；

（六）自由活动时间安排；

（七）旅游费用及其交纳的期限和方式；

（八）违约责任和解决纠纷的方式；

（九）法律、法规规定和双方约定的其他事项。

订立包价旅游合同时，旅行社应当向旅游者详细说明前款第二项至第八项所载内容。

第五十九条　旅行社应当在旅游行程开始前向旅游者提供旅游行程单。旅游行程单是包价旅游合同的组成部分。

第六十条　旅行社委托其他旅行社代理销售包价旅游产品并与旅游者订立包价旅游合同的，应当在包价旅游合同中载明委托社和代理社的基本信息。

旅行社依照本法规定将包价旅游合同中的接待业务委托给地接社履行的，应当在包价旅游合同中载明地接社的基本信息。

安排导游为旅游者提供服务的，应当在包价旅游合同中载明导游服务费用。

第六十一条　旅行社应当提示参加团队旅游的旅游者按照规定投保人身意外伤害保险。

第六十二条　订立包价旅游合同时，旅行社应当向旅游者告知下列事项：

（一）旅游者不适合参加旅游活动的情形；

（二）旅游活动中的安全注意事项；

（三）旅行社依法可以减免责任的信息；

（四）旅游者应当注意的旅游目的地相关法律、法规和风俗习惯、宗教禁忌，依照中国法律不宜参加的活动等；

（五）法律、法规规定的其他应当告知的事项。

在包价旅游合同履行中，遇有前款规定事项的，旅行社也应当告知旅游者。

第六十三条 旅行社招徕旅游者组团旅游，因未达到约定人数不能出团的，组团社可以解除合同。但是，境内旅游应当至少提前七日通知旅游者，出境旅游应当至少提前三十日通知旅游者。

因未达到约定人数不能出团的，组团社经征得旅游者书面同意，可以委托其他旅行社履行合同。组团社对旅游者承担责任，受委托的旅行社对组团社承担责任。旅游者不同意的，可以解除合同。

因未达到约定的成团人数解除合同的，组团社应当向旅游者退还已收取的全部费用。

第六十四条 旅游行程开始前，旅游者可以将包价旅游合同中自身的权利义务转让给第三人，旅行社没有正当理由的不得拒绝，因此增加的费用由旅游者和第三人承担。

第六十五条 旅游行程结束前，旅游者解除合同的，组团社应当在扣除必要的费用后，将余款退还旅游者。

第六十六条 旅游者有下列情形之一的，旅行社可以解除合同：

（一）患有传染病等疾病，可能危害其他旅游者健康和安全的；

（二）携带危害公共安全的物品且不同意交有关部门处理的；

（三）从事违法或者违反社会公德的活动的；

（四）从事严重影响其他旅游者权益的活动，且不听劝阻、不能制止的；

（五）法律规定的其他情形。

因前款规定情形解除合同的，组团社应当在扣除必要的费用后，将余款退还旅游者；给旅行社造成损失的，旅游者应当依法承担赔偿责任。

第六十七条 因不可抗力或者旅行社、履行辅助人已尽合理注意义务仍不能避免的事件，影响旅游行程的，按照下列情形处理：

（一）合同不能继续履行的，旅行社和旅游者均可以解除合同。合同不能完全履行的，旅行社经向旅游者作出说明，可以在合理范围内变更合同；旅游者不同意变更的，可以解除合同。

（二）合同解除的，组团社应当在扣除已向地接社或者履行辅助人支付且不可退还的费用后，将余款退还旅游者；合同变更的，因此增加的费用由旅游者承担，减少的费用退还旅游者。

（三）危及旅游者人身、财产安全的，旅行社应当采取相应的安全措施，因此支出的费用，由旅行社与旅游者分担。

（四）造成旅游者滞留的，旅行社应当采取相应的安置措施。因此增加的食宿费用，由旅游者承担；增加的返程费用，由旅行社与旅游者分担。

第六十八条　旅游行程中解除合同的，旅行社应当协助旅游者返回出发地或者旅游者指定的合理地点。由于旅行社或者履行辅助人的原因导致合同解除的，返程费用由旅行社承担。

第六十九条　旅行社应当按照包价旅游合同的约定履行义务，不得擅自变更旅游行程安排。

经旅游者同意，旅行社将包价旅游合同中的接待业务委托给其他具有相应资质的地接社履行的，应当与地接社订立书面委托合同，约定双方的权利和义务，向地接社提供与旅游者订立的包价旅游合同的副本，并向地接社支付不低于接待和服务成本的费用。地接社应当按照包价旅游合同和委托合同提供服务。

第七十条　旅行社不履行包价旅游合同义务或者履行合同义务不符合约定的，应当依法承担继续履行、采取补救措施或者赔偿损失等违约责任；造成旅游者人身损害、财产损失的，应当依法承担赔偿责任。旅行社具备履行条件，经旅游者要求仍拒绝履行合同，造成旅游者人身损害、滞留等严重后果的，旅游者还可以要求旅行社支付旅游费用一倍以上三倍以下的赔偿金。

由于旅游者自身原因导致包价旅游合同不能履行或者不能按照约定履行，或者造成旅游者人身损害、财产损失的，旅行社不承担责任。

在旅游者自行安排活动期间，旅行社未尽到安全提示、救助义务的，应当对旅游者的人身损害、财产损失承担相应责任。

第七十一条　由于地接社、履行辅助人的原因导致违约的，由组团社承担责任；组团社承担责任后可以向地接社、履行辅助人追偿。

由于地接社、履行辅助人的原因造成旅游者人身损害、财产损失的，旅游者可以要求地接社、履行辅助人承担赔偿责任，也可以要求组团社承担赔偿责任；组团社承担责任后可以向地接社、履行辅助人追偿。但是，由于公共交通经营者的原因造成旅游者人身损害、财产损失的，由公共交通经营者依法承担赔偿责任，旅行社应当协助旅游者向公共交通经营者索赔。

第七十二条　旅游者在旅游活动中或者在解决纠纷时，损害旅行社、履行辅助人、旅游从业人员或者其他旅游者的合法权益的，依法承担赔偿责任。

第七十三条 旅行社根据旅游者的具体要求安排旅游行程，与旅游者订立包价旅游合同的，旅游者请求变更旅游行程安排，因此增加的费用由旅游者承担，减少的费用退还旅游者。

第七十四条 旅行社接受旅游者的委托，为其代订交通、住宿、餐饮、游览、娱乐等旅游服务，收取代办费用的，应当亲自处理委托事务。因旅行社的过错给旅游者造成损失的，旅行社应当承担赔偿责任。

旅行社接受旅游者的委托，为其提供旅游行程设计、旅游信息咨询等服务的，应当保证设计合理、可行，信息及时、准确。

第七十五条 住宿经营者应当按照旅游服务合同的约定为团队旅游者提供住宿服务。住宿经营者未能按照旅游服务合同提供服务的，应当为旅游者提供不低于原定标准的住宿服务，因此增加的费用由住宿经营者承担；但由于不可抗力、政府因公共利益需要采取措施造成不能提供服务的，住宿经营者应当协助安排旅游者住宿。

第六章　旅游安全

第七十六条 县级以上人民政府统一负责旅游安全工作。县级以上人民政府有关部门依照法律、法规履行旅游安全监管职责。

第七十七条 国家建立旅游目的地安全风险提示制度。旅游目的地安全风险提示的级别划分和实施程序，由国务院旅游主管部门会同有关部门制定。

县级以上人民政府及其有关部门应当将旅游安全作为突发事件监测和评估的重要内容。

第七十八条 县级以上人民政府应当依法将旅游应急管理纳入政府应急管理体系，制定应急预案，建立旅游突发事件应对机制。

突发事件发生后，当地人民政府及其有关部门和机构应当采取措施开展救援，并协助旅游者返回出发地或者旅游者指定的合理地点。

第七十九条 旅游经营者应当严格执行安全生产管理和消防安全管理的法律、法规和国家标准、行业标准，具备相应的安全生产条件，制定旅游者安全保护制度和应急预案。

旅游经营者应当对直接为旅游者提供服务的从业人员开展经常性应急救助技能培训，对提供的产品和服务进行安全检验、监测和评估，采取必要措施防止危害发生。

旅游经营者组织、接待老年人、未成年人、残疾人等旅游者，应当采取相应的安全保障措施。

第八十条　旅游经营者应当就旅游活动中的下列事项，以明示的方式事先向旅游者作出说明或者警示：

（一）正确使用相关设施、设备的方法；

（二）必要的安全防范和应急措施；

（三）未向旅游者开放的经营、服务场所和设施、设备；

（四）不适宜参加相关活动的群体；

（五）可能危及旅游者人身、财产安全的其他情形。

第八十一条　突发事件或者旅游安全事故发生后，旅游经营者应当立即采取必要的救助和处置措施，依法履行报告义务，并对旅游者作出妥善安排。

第八十二条　旅游者在人身、财产安全遇有危险时，有权请求旅游经营者、当地政府和相关机构进行及时救助。

中国出境旅游者在境外陷于困境时，有权请求我国驻当地机构在其职责范围内给予协助和保护。

旅游者接受相关组织或者机构的救助后，应当支付应由个人承担的费用。

第七章　旅游监督管理

第八十三条　县级以上人民政府旅游主管部门和有关部门依照本法和有关法律、法规的规定，在各自职责范围内对旅游市场实施监督管理。

县级以上人民政府应当组织旅游主管部门、有关主管部门和市场监督管理、交通等执法部门对相关旅游经营行为实施监督检查。

第八十四条　旅游主管部门履行监督管理职责，不得违反法律、行政法规的规定向监督管理对象收取费用。

旅游主管部门及其工作人员不得参与任何形式的旅游经营活动。

第八十五条　县级以上人民政府旅游主管部门有权对下列事项实施监督检查：

（一）经营旅行社业务以及从事导游、领队服务是否取得经营、执业许可；

（二）旅行社的经营行为；

（三）导游和领队等旅游从业人员的服务行为；

（四）法律、法规规定的其他事项。

旅游主管部门依照前款规定实施监督检查，可以对涉嫌违法的合同、票据、账簿以及其他资料进行查阅、复制。

第八十六条　旅游主管部门和有关部门依法实施监督检查，其监督检查人员不得少于二人，并应当出示合法证件。监督检查人员少于二人或者未出示合法证件的，被检查单位和个人有权拒绝。

监督检查人员对在监督检查中知悉的被检查单位的商业秘密和个人信息应当依法保密。

第八十七条 对依法实施的监督检查，有关单位和个人应当配合，如实说明情况并提供文件、资料，不得拒绝、阻碍和隐瞒。

第八十八条 县级以上人民政府旅游主管部门和有关部门，在履行监督检查职责中或者在处理举报、投诉时，发现违反本法规定行为的，应当依法及时作出处理；对不属于本部门职责范围的事项，应当及时书面通知并移交有关部门查处。

第八十九条 县级以上地方人民政府建立旅游违法行为查处信息的共享机制，对需要跨部门、跨地区联合查处的违法行为，应当进行督办。

旅游主管部门和有关部门应当按照各自职责，及时向社会公布监督检查的情况。

第九十条 依法成立的旅游行业组织依照法律、行政法规和章程的规定，制定行业经营规范和服务标准，对其会员的经营行为和服务质量进行自律管理，组织开展职业道德教育和业务培训，提高从业人员素质。

第八章 旅游纠纷处理

第九十一条 县级以上人民政府应当指定或者设立统一的旅游投诉受理机构。受理机构接到投诉，应当及时进行处理或者移交有关部门处理，并告知投诉者。

第九十二条 旅游者与旅游经营者发生纠纷，可以通过下列途径解决：

（一）双方协商；

（二）向消费者协会、旅游投诉受理机构或者有关调解组织申请调解；

（三）根据与旅游经营者达成的仲裁协议提请仲裁机构仲裁；

（四）向人民法院提起诉讼。

第九十三条 消费者协会、旅游投诉受理机构和有关调解组织在双方自愿的基础上，依法对旅游者与旅游经营者之间的纠纷进行调解。

第九十四条 旅游者与旅游经营者发生纠纷，旅游者一方人数众多并有共同请求的，可以推选代表人参加协商、调解、仲裁、诉讼活动。

第九章 法律责任

第九十五条 违反本法规定，未经许可经营旅行社业务的，由旅游主管部门或者工商行政管理部门责令改正，没收违法所得，并处一万元以上十万元以下罚款；违法所得十万元以上的，并处违法所得一倍以上五倍以下罚款；对有关责任人员，处二千元以上二万元以下罚款。

旅行社违反本法规定，未经许可经营本法第二十九条第一款第二项、第三项业务，或者出租、出借旅行社业务经营许可证，或者以其他方式非法转让旅行社业务经营许可的，除依照前款规定处罚外，并责令停业整顿；情节严重的，吊销旅行社业务经营许可证；对直接负责的主管人员，处二千元以上二万元以下罚款。

第九十六条　旅行社违反本法规定，有下列行为之一的，由旅游主管部门责令改正，没收违法所得，并处五千元以上五万元以下罚款；情节严重的，责令停业整顿或者吊销旅行社业务经营许可证；对直接负责的主管人员和其他直接责任人员，处二千元以上二万元以下罚款：

（一）未按照规定为出境或者入境团队旅游安排领队或者导游全程陪同的；

（二）安排未取得导游证的人员提供导游服务或者安排不具备领队条件的人员提供领队服务的；

（三）未向临时聘用的导游支付导游服务费用的；

（四）要求导游垫付或者向导游收取费用的。

第九十七条　旅行社违反本法规定，有下列行为之一的，由旅游主管部门或者有关部门责令改正，没收违法所得，并处五千元以上五万元以下罚款；违法所得五万元以上的，并处违法所得一倍以上五倍以下罚款；情节严重的，责令停业整顿或者吊销旅行社业务经营许可证；对直接负责的主管人员和其他直接责任人员，处二千元以上二万元以下罚款：

（一）进行虚假宣传，误导旅游者的；

（二）向不合格的供应商订购产品和服务的；

（三）未按照规定投保旅行社责任保险的。

第九十八条　旅行社违反本法第三十五条规定的，由旅游主管部门责令改正，没收违法所得，责令停业整顿，并处三万元以上三十万元以下罚款；违法所得三十万元以上的，并处违法所得一倍以上五倍以下罚款；情节严重的，吊销旅行社业务经营许可证；对直接负责的主管人员和其他直接责任人员，没收违法所得，处二千元以上二万元以下罚款，并暂扣或者吊销导游证。

第九十九条　旅行社未履行本法第五十五条规定的报告义务的，由旅游主管部门处五千元以上五万元以下罚款；情节严重的，责令停业整顿或者吊销旅行社业务经营许可证；对直接负责的主管人员和其他直接责任人员，处二千元以上二万元以下罚款，并暂扣或者吊销导游证。

第一百条　旅行社违反本法规定，有下列行为之一的，由旅游主管部门责令改正，处三万元以上三十万元以下罚款，并责令停业整顿；造成旅游者滞留等严重后果的，吊销旅行社业务经营许可证；对直接负责的主管人员和其他直接责任人员，处二千元以上二万元以下罚款，并暂扣或者吊销导游证：

（一）在旅游行程中擅自变更旅游行程安排，严重损害旅游者权益的；

（二）拒绝履行合同的；

（三）未征得旅游者书面同意，委托其他旅行社履行包价旅游合同的。

第一百零一条　旅行社违反本法规定，安排旅游者参观或者参与违反我国法律、法规和社会公德的项目或者活动的，由旅游主管部门责令改正，没收违法所得，责令停业整顿，并处二万元以上二十万元以下罚款；情节严重的，吊销旅行社业务经营许可证；对直接负责的主管人员和其他直接责任人员，处二千元以上二万元以下罚款，并暂扣或者吊销导游证。

第一百零二条　违反本法规定，未取得导游证或者不具备领队条件而从事导游、领队活动的，由旅游主管部门责令改正，没收违法所得，并处一千元以上一万元以下罚款，予以公告。

导游、领队违反本法规定，私自承揽业务的，由旅游主管部门责令改正，没收违法所得，处一千元以上一万元以下罚款，并暂扣或者吊销导游证。

导游、领队违反本法规定，向旅游者索取小费的，由旅游主管部门责令退还，处一千元以上一万元以下罚款；情节严重的，并暂扣或者吊销导游证。

第一百零三条　违反本法规定被吊销导游证的导游、领队和受到吊销旅行社业务经营许可证处罚的旅行社的有关管理人员，自处罚之日起未逾三年的，不得重新申请导游证或者从事旅行社业务。

第一百零四条　旅游经营者违反本法规定，给予或者收受贿赂的，由市场监督管理部门依照有关法律、法规的规定处罚；情节严重的，并由旅游主管部门吊销旅行社业务经营许可证。

第一百零五条　景区不符合本法规定的开放条件而接待旅游者的，由景区主管部门责令停业整顿直至符合开放条件，并处二万元以上二十万元以下罚款。

景区在旅游者数量可能达到最大承载量时，未依照本法规定公告或者未向当地人民政府报告，未及时采取疏导、分流等措施，或者超过最大承载量接待旅游者的，由景区主管部门责令改正，情节严重的，责令停业整顿一个月至六个月。

第一百零六条　景区违反本法规定，擅自提高门票或者另行收费项目的价格，或者有其他价格违法行为的，由有关主管部门依照有关法律、法规的规定处罚。

第一百零七条　旅游经营者违反有关安全生产管理和消防安全管理的法律、法规或者国家标准、行业标准的，由有关主管部门依照有关法律、法规的规定处罚。

第一百零八条　对违反本法规定的旅游经营者及其从业人员，旅游主管部门和有关部门应当记入信用档案，向社会公布。

第一百零九条　旅游主管部门和有关部门的工作人员在履行监督管理职责中，滥用职权、玩忽职守、徇私舞弊，尚不构成犯罪的，依法给予处分。

第一百一十条　违反本法规定，构成犯罪的，依法追究刑事责任。

第十章　附则

第一百一十一条　本法下列用语的含义：

（一）旅游经营者，是指旅行社、景区以及为旅游者提供交通、住宿、餐饮、购物、娱乐等服务的经营者。

（二）景区，是指为旅游者提供游览服务、有明确的管理界限的场所或者区域。

（三）包价旅游合同，是指旅行社预先安排行程，提供或者通过履行辅助人提供交通、住宿、餐饮、游览、导游或者领队等两项以上旅游服务，旅游者以总价支付旅游费用的合同。

（四）组团社，是指与旅游者订立包价旅游合同的旅行社。

（五）地接社，是指接受组团社委托，在目的地接待旅游者的旅行社。

（六）履行辅助人，是指与旅行社存在合同关系，协助其履行包价旅游合同义务，实际提供相关服务的法人或者自然人。

第一百一十二条　本法自 2013 年 10 月 1 日起施行。

参考文献

[1] 郑向敏. 现代饭店经营管理 [M]. 武汉：湖北科技出版社，1996.

[2] 郑向敏. 旅游安全学 [M]. 北京：中国旅游出版社，2003.

[3] 郑向敏. 中国古代旅馆流变 [M]. 北京：旅游教育出版社，2001.

[4] 郑向敏. 现代饭店商务楼层管理 [M]. 沈阳：辽宁科技出版社，2002.

[5] 郑向敏. 旅游营养学 [M]. 厦门：厦门大学出版社，1993.

[6] 郑向敏，张进福. 旅游安全理论与实践 [M]. 香港：香港教育及社会科学应用研究社，
2002.

[7] 安德烈·伯萨尔德. 国际犯罪 [M]. 北京：商务印书馆，1997.

[8] 国家旅游局人事劳动教育司. 厨房管理 [M]. 北京：中国旅游出版社，1998.

[9] 国家旅游局人事劳动教育司. 饭店安全消防管理 [M]. 北京：旅游教育出版社，1999.

[10] 黄惠伯. 饭店安全管理 [M]. 长沙：湖南科学技术出版社，2001.

[11] 罗云. 安全经济学导论 [M]. 北京：经济科学出版社，1993.

[12] 梅均，赵林余. 旅游纠纷与处理对策 [M]. 北京：法律出版社，1993.

[13] 王泽申. 安全分析与事故预测 [M]. 北京：北京经济学院出版社，1990.

[14] 徐江，吴穹. 安全管理学 [M]. 北京：航空工业出版社，1993.

[15] 许纯玲，李志飞. 旅游安全事务 [M]. 北京：科学出版社，2000.

[16] 袁义. 饭店安全与消防管理 [M]. 北京：旅游教育出版社，1999.

[17] 东方酒店管理有限公司. 保安管理规程 [M]. 北京：经济科学出版社，2000.

[18] 刘哲. 康乐服务与管理 [M]. 北京：旅游教育出版社，2003.

[19] 杨铭铎，凌强. 现代饭店食品营养与卫生控制 [M]. 长春：东北财经大学出版社，
2001.

[20] 胡远群. 谈谈安全经济效益 [C]. 首届全国安全经济研讨会论文集，1992.

[21] 罗云，黎忠文 . 安全经济统计及其指标体系 [C]. 首届全国安全经济研讨会论文集，1992.

[22] 张进福，郑向敏 . 旅游安全问题与对策研究 [C].21 世纪的世界与中国旅游研讨会论文集，2000.

[23] 张进福，郑向敏 . 旅游者安全认知——对福建省旅游者的认知心理学分析 [C]. 福建旅游 [法] 论丛，2001.

[24] 张进福，郑向敏 . 论传统饮食观与旅游活动中的科学饮食 [J]. 北京第二外国语学院学报，2000（1）：77-81.

[25] 张进福，郑向敏 . 旅游安全研究 [J]. 华侨大学学报：哲学社会科学版，2001（1）：15-22.

[26] 张进福，郑向敏 . 旅游安全表现形态与时空特征简析 [J]. 桂林旅游高等专科学校学报，2001（1）：36-38,44.

[27] 郑向敏 . 我国沿海岛屿旅游发展与安全管理 [J]. 人文地理，2007：22（4）：86-89.

[28] 郑向敏，宋伟 . 国内旅游安全研究综述 [J]. 旅游科学，2005（5）：1-7.

[29] 郑向敏，范向丽，宋博 . 都市旅游安全研究 [J]. 桂林旅游高等专科学校学报，2007（2）：173-177.

[30] 王晓华，郑红霞 . 浅谈旅游紧急救援服务 [J]. 旅游科学，2000（3）：43-46.

[31] 张玫 .《游乐园（场）安全和服务质量》国标出台 [N]. 中国旅游报，1997-10-09（1）.

[32] 黄春华 . 假冒公安夜查房，抢劫强奸投宿女 [N]. 闽东日报，1998-09-12（2）.

[33] 姚冠华 . 强化卫生监管，严防食物中毒 [N]. 厦门日报，1999-06-15（1）.

[34] BACH S, PIZAM A. Crimes in Hotels[J]. Hospitality Research Journal, 1996,20（2）：59-76.

[35] BRUNT P, MAWBY R, HAMBLY Z. Tourist Victimization and the Fear of Crime on Holiday [J]. Tourism Management, 2000,21（4）：417-424.

[36] De ALBUQUERQUE K, MCELROY J. Tourism and Crime in the Caribbean [J]. Annals of Tourism Research, 1999,26（4）：968-984.

[37] CLIFT S, GRABOUSKI P（edi.）. Tourism and Health：Risks, Research and Response[M]. Lindon：Pinter,1997.

[38] FUJII E T, MAK J. Tourism and Crime：Implications for Regional Development Policy[J]. Regional Studies, 1980（14）：27-36.

[39] KATHRADA M C, BURGER J S C, DOHNAL M. Holistic Tourism-Crime Modelling[J]. Tourism Management. 1999（20）：115-122.

[40] LIND MEDA, LIND I Y. Visitors as Victims：Crimes against Tourists in Hawaii[J]. Annals of Tourism Research，1986,13（2）：167-191.

[41] PIZAM A, MANSFELD Y. Tourism，Crime and International Security Issues[M]. New York：Wiley.1996.

[42] TARLOW P E. Las Vegas Tourism Security Seminar [J]. Tourism Management,2000，21（2）：205-212.

[43] ZHENG X M.Tourism Insurance in China[J]. International Journal of Contemporary Hospitality Management,1996（17）：35.